建築と触覚

空間と五感をめぐる哲学

ユハニ・パッラスマー
百合田香織　訳

Juhani Pallasmaa

THE EYES OF THE SKIN
Architecture and the Senses

草思社

The Eyes of the Skin
Architecture and the Senses
by Juhani Pallasmaa

建築と触覚　空間と五感をめぐる哲学　目次

文中の〔　〕は訳者による注。

薄氷

スティーヴン・ホール

THIN ICE
Steven Holl

前書き

雨のニューヨークで、ちょうど今ごろヘルシンキに降っているだろう白い雪と、まだ湖に張りはじめたばかりの薄氷のことを思いながらこの前書きを書いていたとき、フィンランドの冷たい冬の話を思い出した。あそこでは毎年、北の地方の厚く氷の張った湖を渡る近道が即席でつくられる。数カ月経って氷が厚くなってくると、誰かが湖を車で突っ切る一か八かの賭けに出て、その氷を突き破るのだ。私は、その挑戦者が最後に目にすることになるだろう、沈みゆく車内に上がってくる冷たく黒い水で氷の亀裂が広がる様を思い浮かべる。フィンランドには、悲劇的で神秘的な美しさがある。

ユハニ・パッラスマーと私が建築の現象学に関する互いの考えを語り合いはじめたのは、一九九一年八月、ユヴァスキュラでの第五回アルヴァ・アアルト・シンポジウムのために私が初めてフィンランドを訪れたときだった。

そして一九九二年十月、近代美術館の設計競技のために訪れていたヘルシンキでパッラスマーと再会した。モーリス・メルロ＝ポンティの著書について、あの思想は建築において経験される空間の連続性や質感、素材、光へと解釈しなおしたり直接取り入れたりできるのではないかと話し合ったのを覚えている。ヘルシンキ港に停泊した巨大な木造船の船内で昼食をとりながらの会話だった。一部が凍りついた港に留められた船がかすかに揺れると、野菜スープの上に湯気が渦をまいて立ち上った。私は、ロヴァニエミの美術館のすばらしい増築からトゥルクの群島の驚くほど小さな岩島にたつ木造のサマーハウスまで、さまざまなユハニ・パッラスマーの建築を経験してきた。彼の建築では空間の感じ方も、その場所の音や匂いも、見え方と同等に重視されている。パッラスマーは単なる理論家ではない。現象学的に洞察する力をもつすぐれた建築家だ。分析不可能な諸感覚の建築を実践に移し、その現象学的な性質でもって自身が建築哲学について著してきたものを具象化している。

一九九三年、中村敏男の招きを受けて、私たちはアルベルト・ペレス＝ゴメスとともに『知覚の問題——建築の現象学[1] Questions of Perception: Phenomenology of

Architecture』という本に取り組んだ。さらに数年後、出版社エー・アンド・ユーは、ほかの建築家らにとってもそのテーマが重要な意味をもつと判断して同書の再版を決めた。

本書、ユハニ・パッラスマーの『建築と触覚　空間と五感をめぐる哲学』は、その『知覚の問題』から生まれたもので、建築における人間の経験のなかでもきわめて重要な経験の現象学的な次元について、より端的で明快な主張がなされている。オランダの建築家スティン・アイラー・ラスムッセンの『経験としての建築』（一九五九）[2]以降、これほど簡明で明快でありつつ、二十一世紀の建築の発展していくこの非常時に学生や建築家の必要を満たしうる文章はなかった。

メルロ＝ポンティが死去したときに執筆中だった『見えるものと見えないもの』には、「絡み合い——交叉配列《キアズマ》（Chiasm）」と題された驚嘆すべき章がある（実は、一九九二年にヘルシンキの近代美術館の設計競技にエントリーした際、私はそこから名前をとった。ただしフィンランドのことばには原則としてCがないので、Chiasm を Kiasma に変更している）。そこでメルロ＝ポンティは「地平」についてこのように述べている。「地平とは、天空や大地と同様、細々とした物の集まりでもなければ、クラスの名称でもなく、考え方の或る論理的可能性でも、『意識の潜在力』の体系でもない。それは、或る新たな存在のタイプ、多孔性と含蓄性、一般性を備えた存在のことなのであって……」[3]

二十一世紀に入って十年余りが経ち、こうした思考は地平の向こう、「皮膚の下」へと進んでいる。一方で、誇張された広告手法で勢いづいた消費財が私たちの意識を押しのけ、深く思索する力を霧散させてしまう惨状が世界中に蔓延している。建築の世界でも、新しいデジタル技術の過剰な駆使がそうした誇張に加担している。この雑音だらけの現状のなかで、本書は、深い思索の孤独と決意――かつてパッラスマーが「静寂の建築」と呼んだもの――を呼び覚ます。私は、自分の学生たちにこの本を読むように、そして「雑音だらけの現状」についてじっくりと考えるように強く促すつもりだ。「私たちの存在の深み」は薄氷の上に立たされている。

世界に触れる

ユハニ・パッラスマー

TOUCHING THE WORLD

Juhani Pallasmaa

第三版への序論

このささやかな私の著書『建築と触覚』は、一九九六年にアカデミー・エディションズ社（ロンドン）の「ポレミックス」シリーズの一冊として初版が出た。私は当時の建築論議にぴったりだと感じていたとあるテーマで三十二ページのエッセイを書いていて、シリーズの編集者からそれを展開させて書き直してみないかという誘いがあったのだ。

本書の第二部は、『知覚の問題――建築の現象学』と題された『a＋u建築と都市』一九九四年七月の特別号のために書いた「七感による建築」がベースになっている。『知覚の問題』では、スティーヴン・ホールの建築作品が取り上げられ、ホール自身と、アルベルト・ペレス＝ゴメスによるエッセイも収録された。その少し後、一九九五年六月には、デンマーク王立美術アカデミーでの建築の現象学に関するセミナーでその『知覚の問題』の著者三人それぞれが講演を行い、私は本書の第一部の基礎となる内容に触れ主張を行った。

ややで驚いたことに、このささやかな本はかなり前向きに受け入れられ、世界中の多くの建築学校で建築理論コースの推薦書となった。

もともと、この好戦的《ポレミック》なエッセイは私の個人的な経験、観点、考察にもとづいて執筆したものだった。建築が教えられ、思考され、評されるうえでの、視覚の優位性とほかの諸感覚の抑圧に対して、そしてついには感覚的・官能的な特性が建築から消え失せてしまうことに対して、私はただひたすら懸念を強めていたのだ。

本書を書き上げてからの数年で、哲学的にも、また建築を経験し、教え、つくりあげるという点でも、感覚の重要性への関心は大きく高まった。そして私が立てていた、身体には知覚、思考、意識の中枢としての役割があるという仮説も、諸感覚には感覚的な反応と思考を明確化し、蓄積し、対処する重要性があるという仮説も、ほかの著者たちによって強化され、確証がもたらされた。なかでも人間の身体性《エンボディメント》に対する哲学的な調査と近年の神経学の研究は、私の仮説をしっかりと裏づけてくれた。

この『建築と触覚』〔原題：*The Eyes of the skin*〕というタイトルは、世界の経験と理解における触覚の重要性を表現したいという思いを込めて選んだものだが、それだけではなく、視覚という優位性の高い感覚と触覚という抑圧された感覚モダリティの間に概念上の近道をつくる意図も込められている。後から知ったことだが、私たちの皮膚にはいくつもの色を区別する力があるという。私たちは、確かに皮膚で「見て」いるのだ。[1]

人間の生活における触覚の重要性は、ますます明白なものになってきている。たとえば人類学者アシュレイ・モンタギューの次のような見解は、医学的エビデンスにもとづくものであり、触覚領域が第一の感覚であることを裏づける。

〔皮膚は〕われわれの器官のうちでもっともなじみが深く、もっとも鋭敏だ。第一の伝達媒体であるとともに、最大の防御にもなっている（……）透明な目の角膜でさえ、性質を変えた皮膚の重なりから成る（……）触覚は、目や耳、鼻、口の産みの親である。ほかの感覚へと分化していった大本の感覚であり、古くから触覚が「諸感覚の母」と評されていたことにもその事実が見て取れる。[2]

触覚は、私たちの世界の経験と私たち自身とを統合する感覚モードだ。視覚的な知覚すら、触覚の連続体へと溶け込み一体化される。また私の身体は、私が誰なのか、私がどのように世界のなかに存在しているのかを記憶する。私の身体は、私の世界の中心そのものだ。それも、透視投影の視点という意味の中心ではなく、情報、記憶、想像、統合の、まさしく中心なのだ。視覚を含め、あらゆる感覚は触覚の拡張だ。どの感覚器も皮膚組織が特殊化したものだし、どんな感覚的経験も触覚のモードのひとつであって触知性へと結びつけられる。私たちは自己の境界線上で世界と接するが、その接触も自身を包む薄膜の特殊化された部分を通して行われている。

ひとつはっきりしているのは、「生を力づける」[3]建築は、全感覚に一度にはたらきかけなければならず、世界の経験に自己のイメージを溶け込ませる後押しをしなければならないことだ。建物が本来的にもつ精神的役割とは受容と統合だ。そして人間の尺度と秩序感覚を、測り知ることのできない無秩序な自然の空間へと投影する。建築は、私たちを単なるつくりものや幻想の世界に住まわせるものではない。私たちがこの世界に存在している経験を明確にし、現実と自己の感覚を強めるものなのだ。

また私たちは、自己の感覚が芸術や建築で強められるとき、夢、想像、欲望といった精神的な次元に完全に没入できるようになる。建物や都市は、人間の実存の条件を理解して向き合うための地平をもたらす。建築はただ私たちを視覚的に魅了するものをつくりだすのではなく、意味を関連づけ、媒介し、投影する。どんな建物も、その究極的な意味は建築そのものを超えたところにある。私たちの意識を世界へと引き戻し、自身のもつ自己と存在の感覚へと向かわせるのだ。深遠な意味をもつ建築には、私たちに自身を完全に身体化された精神的な存在として経験させる力がある。それこそが、深い意味をもつ芸術があまねくもっている偉大なはたらきだ。

芸術を経験するとき、そこには奇妙なやりとりが生じる。私は自分の感情と考えを空間に託す。空間はその場特有の雰囲気を私に託し、それが私の知覚と思考を引きつけ解放する。建築作品は、網膜に映る画像一枚一枚の連続として経験されるのではなく、物質的、身体的、精神的な本質が統合された総体として経験される。建築が提示してみせるのは眼のもつ触覚をはじめ諸感覚を喜ばせる形状や表面だが、加えて身体的・精神的構造を取り入れて統合し、強まった首尾一貫性と重要性とを私たちの実存的経験にもたらしてもいるのだ。

創造的な仕事では、芸術家にしても職人にしても、表面的で客体化された問題に重点をおくのではなく、その身体や実存的経験にじかに取り組む。物を知る建築家も、自らの全身と自己感覚でもって対象に向き合う。建物やなにかほかの対象物に取り組むとき、建築家は同時に自己のイメージという逆向きの眺め、さらに正確に言うなら実存的経験に取り組んでいる。創造的な作品では、強烈な同一化と投影が行われる。つまり作り手の身体的・精神的な本質のすべてが、その作品の現場となる。ルートヴィヒ・ヴィトゲンシュタインは、哲学と建築いずれもの仕事と、自己のイメージとの相互作用について、次のように述べている。「哲学の仕事は——建築の仕事のように多くの局面にわたるものだが——本来はむしろ自分自身にかんする仕事である。自分をどうとらえるか。ものをどう見るか。(ものにどんなことを期待しているか。)」[4]

一般的に、コンピューターはただただ便利な発明であって、人間の幻想を解き放ち、効率的なデザイン作業を容易にしてくれるものだと考えられている。だが私は、そうした見方に対して深い懸念を抱いている。少なくとも、教育とデザインプロセスにおける現在のコンピューターの役割を考えるとき懸念が生じるのだ。コンピューターの画像技術は、デザインプロセスを受動的な視覚上の操作という網膜の体験に変えることで、本来は壮大で多感覚的、同時・同期的な私たちの想像力を平坦なものにしてしまう。コンピューターは作り手と対象物との間に距離を生むが、手で描き模型をつくればデザイナーは触覚でもって対象物あるいは空間と接触することができる。想像するときには、対象物は手と頭のなかに同時にあり、その想像され投影された物質的イメージが私たちのもつ身体化された想像力によってモデル化される。私たちは、思い描く対象物の内側と外側にまったく同時に存在している。だから創造的な仕事には身体的で精神的な同一化、共感、同情が欠かせない。近年、ミラーニューロンの研究から、そうした「身体化されたシミュレーション」という複雑なプロセスの理解に実験にもとづく基盤がもたらされた。[5]

私はまた、私たちの住まう空間における内部性の経験だけでなく、この世界の「生きられた経験（体験）」における周縁的で焦点の絞られていない視覚の役割にも興味をかき立てられてきた。包み込むような空間性、内部性、触覚性の経験において注目すべきは、鋭く焦点の絞られた視覚は意図的に抑制されている点だ。ただ、そうした点が建築理論を議論する際に扱われることはほとんどない。建築理論の関心事は、ずっと、焦点の絞られた視覚、意図のある志向性、遠近法による描写だからだ。しかし、生きられた経験の真の本質は、意図していない触覚的なイメージと焦点の絞られていない周辺視覚にある。焦点の絞られた視覚は私たちを世界と対峙させるが、周辺視は生き生きとした世界で私たちを包み込む。視覚のヘゲモニーに対する批評と平行して、私たちは見ることの本質そのものや、いくつもの感覚領域が合わさって生み出すものについても再考を進めなければならない。

建築写真は、焦点の絞られた形態《ゲシュタルト》による中心に重点のおかれた画像だ。しかし、建築のリアリティーが根本的に依存しているのはどうやら周辺視のほうであって、その周辺視が建築のリアリティーという主題を空間に包み込んでいるように思える。森林も造形豊かな建築空間も周辺視を存分に刺激し、そうした環境は私たち自身を空間そのものの中心に据える。またいわゆる前意識の知覚領域にしても、焦点の絞られた視覚の領域の外で経験されるものであり、実存という点では焦点の絞られたイメージ以上に重要なように感じられる。実際、私たちの知覚と精神のシステムにおいてより優先度が高いのは周辺視だと示す医学的根拠もある〔6〕。

このように見てくると、自然環境や歴史ある環境が力強く感情的にはたらきかけてくるのに対し、現在の建築と都市の環境が私たちを部外者にしがちな理由は、周辺視の領域が貧弱なせいではないかと考えられる。いわゆる無意識の周縁的な知覚は網膜のゲシュタルトを空間的で身体的な経験へと変えるし、周辺視は私たちを空間に結びつけるが、焦点の絞られた視覚は私たちを空間の外へと押し出して単なる傍観者にしてしまうのだ。

建築の理論、教育、実践は、何よりも形状に関心を寄せてきた。けれども私たちは、複雑な環境の実体や雰囲気を無意識かつ周縁的にとらえることのできる驚くべき力をもっている。そして常に、細部を意識的に観察するよりも先に、その空間、場所、環境の特徴的な雰囲気を把握する。この漠然とした雰囲気に対する知覚は明らかに重要であるにもかかわらず、建築の議論において取り上げられることはほとんどない。ふたたび神経学の話になるが、神経学の研究では、知覚と認知のプロセスとは実体の瞬間的な把握から細部の識別へと進むものであり、その逆ではないことが示されている。

この『建築と触覚』を執筆したのはちょうど十五年前のことになる。その後、私は知覚、認識、意識の身体的な本質がないがしろにされていることに対する批判的な分析をさらに展開し、二冊の書籍を執筆した。『*The Thinking Hand: Existential and Embodied Wisdom in Architecture*（思考する手：実存的で身体化された建築の知恵）（チチェスター、二〇〇九）』と『*The Embodied Image: Imagination and Imagery in Architecture*（身体化されたイメージ：建築における想像力と画像）（チチェスター、二〇一一）』であり、いずれもJohn Wiley & Sons（ジョン・ワイリー・アンド・サンズ）社から出版されている。

（本序文は二〇一一年九月二十日、ワシントンDCにおいて加筆修正したもの）

第一部

PART ONE

「手は見ようと、眼は愛撫しようとする」

ヨハン・ヴォルフガング・フォン・ゲーテ[1]

「ダンサーの耳は——つま先にあるのだから！」

フリードリヒ・ニーチェ[2]

「身体がもっと容易に理解できるものであったならば、誰もわれわれに心があるなどと考えはしなかったであろう」

リチャード・ローティ[3]

「林檎の味は、林檎の実そのものではなく、その実と口内との接触にある。同じように（……）、詩は本のページ上に印刷された記号の並びにではなく、詩と読み手との出会いにある。本質にあるのは、読むごとに呼び起こされる美的行為、緊張感、ほとんど身体的ともいえる情動だ」

ホルヘ・ルイス・ボルヘス[4]

「いったいどうして、画家や詩人が、世界との彼らの出会い以外のものを語ったりするであろうか？」

モーリス・メルロ＝ポンティ[5]

視覚と知識

西洋の文化では、歴史的に視覚がもっとも高貴な感覚として最上位に位置づけられ、思考そのものも見るという観点からとらえられてきた。そして古代ギリシア思想の時点ですでに、確実性とは視覚《ビジョン》と視認性《ビジビリティ》にもとづくものだとされていた。ヘラクレイトスの著作の断片のひとつには「目は耳よりも確かな証人だ[6]」とある。プラトンは視覚を「人間へのもっとも偉大な贈り物[7]」であると考え、倫理的な観念は「魂の眼[8]」に通ずるものでなければならないと主張した。アリストテレスもまた、「その知識の相対的に非物質的な美徳がゆえに、何よりも知性に近いため[9]」視覚がもっとも高貴な感覚だと考えていた。

ギリシア以降、どの時代の哲学書も視覚のメタファーをふんだんに用い、知識を明瞭な視覚になぞらえ、光を真実のメタファーとみなしてきた。トマス・アクィナスにいたっては、視覚の概念をほかの諸感覚の領域にも、知性認識にも当てはめた。
ペーター・スローターダイクは、視覚が哲学に与えた影響を「眼は、哲学の原型となる身体器官である。眼が不思議なのは、ものを見ることができるだけでなく、ものを見る自分を見ることもできることだ。身体の感覚器官のなかでも、眼が重要であるのはこのためである。実は、哲学的な思考のかなりの部分が、眼の反省、眼の弁証法、自分自身が見るのを見ることでしかない」[10]と端的にまとめている。ルネサンス期には、五感は視覚が頂点で触覚が最下層の階層システムを形成していると考えられていた。このルネサンス式の感覚システムは宇宙の体系に重ねられ、視覚は火と光、聴覚は空気、嗅覚は蒸気、味覚は水、触覚は土にそれぞれ対応するとされていた。[11]
遠近法《パースペクティブ》（透視図法）の発明によって、眼は知覚世界の、さらに自己の概念の中心点となった。遠近法そのものが象徴性をもつひとつの形式となり、知覚を表現するだけでなくそれを決定づけるものとなったのだ。
私たちのテクノロジー社会で、感覚の順位づけと分類がますます明確になっているのは疑う余地がない。現在、視覚と聴覚は社交的な感覚として特別扱いされる一方、ほかの三つの感覚はプライベートなはたらきしかもたない古くさい遺物とみなされていて、たいていは文化コードに抑圧されている。視覚中心で異常なほど衛生的な文化コードをもつこの現代社会では、食事を楽しむ嗅覚や、花の香り、温度への反応くらいしか共通認識を得ることができない。

これまで多くの哲学者が、他の感覚に対する視覚の優位性――さらにその結果としてもたらされる認知におけるバイアス――を観察してきた。『*Modernity and the Hegemony of Vision*（視覚の現代性とその支配）』と題された哲学的なエッセイ集では、「古代ギリシアに端を発し、西洋文化は視覚中心のパラダイムに支配されてきた。知識も真実も現実も視覚が生み出すという、視覚中心の解釈に支配されてきたのである」[12]という主張がなされている。またこの示唆に富む一冊では、「視覚と知識、知識と存在論《オントロジー》、視覚と権力、視覚と倫理」[13]が分析されている。

私たちの世界への関わり方や知識観がいかに視覚中心のパラダイム――視覚の認識論上の優位――にあるかは、これまでにも哲学者たちによって明らかにされてきたが、建築の理解と実践における視覚の役割をほかの感覚と比較して批評的に探索することも重要だ。建築は、ほかのあらゆる芸術と同じく、空間・時間における人間の存在についての問いに根本から向き合う。世界における人間の存在を表現し、結びつけるものだ。また建築は、自己と世界、内面性と外面性、永続的な時間と期限のある期間、生と死といった形而上学の問いにも深く関わっている。デヴィッド・ハーヴェイは「美学的、文化的諸実践は、人間の経験の流れの中から生み出される空間的な表象と人工品の構築を必然的に伴うものであるために、特に空間と時間の経験の変化の影響を受けやすいものである」[14]と論じている。建築は、私たちを空間と時間へと結びつけ、そうした次元に人間の尺度をもたらすきわめて重要な装置だ。果てしなく広がる空間と終わりのない時間を手なずけて、人が受け入れ、住まい、理解可能なものに変える。こうした空間と時間との相互依存の結果、外部空間と内部空間、感覚における身体的か精神的か、物質的か心的か、無意識か意識的かの優先順位、さらにはそれらの相対的な役割と相互作用の弁証法が、芸術と建築の性質に本質的に影響をもたらす。

デイヴィッド・マイケル・レヴィンは眼の優位性を哲学的に批評する理由を次のように述べている。「私は視覚の支配――われわれの社会における視覚中心主義

視覚中心主義と眼の冒瀆

1 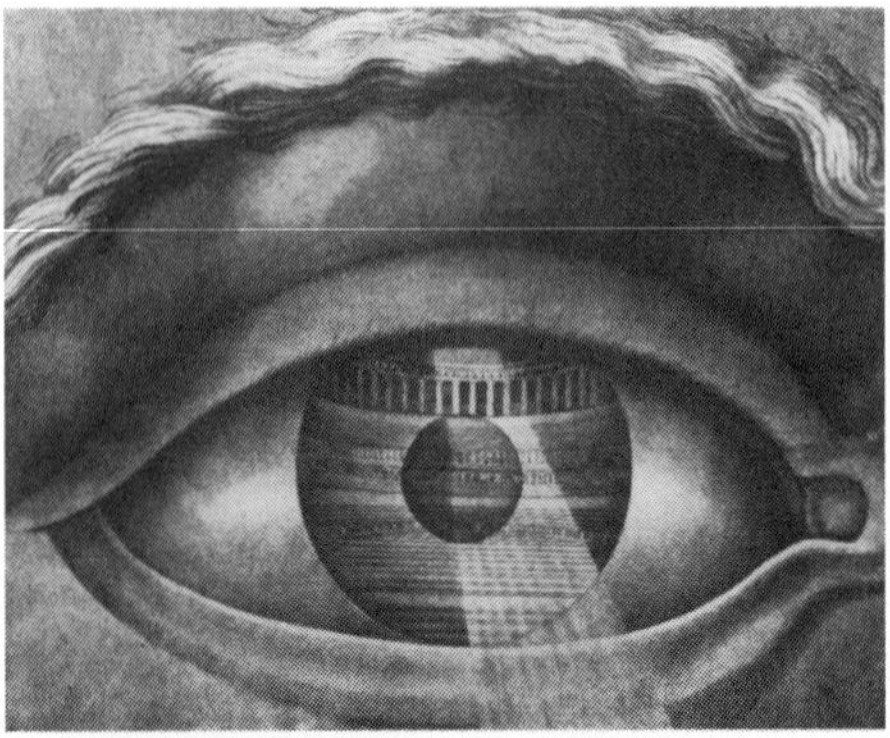

2 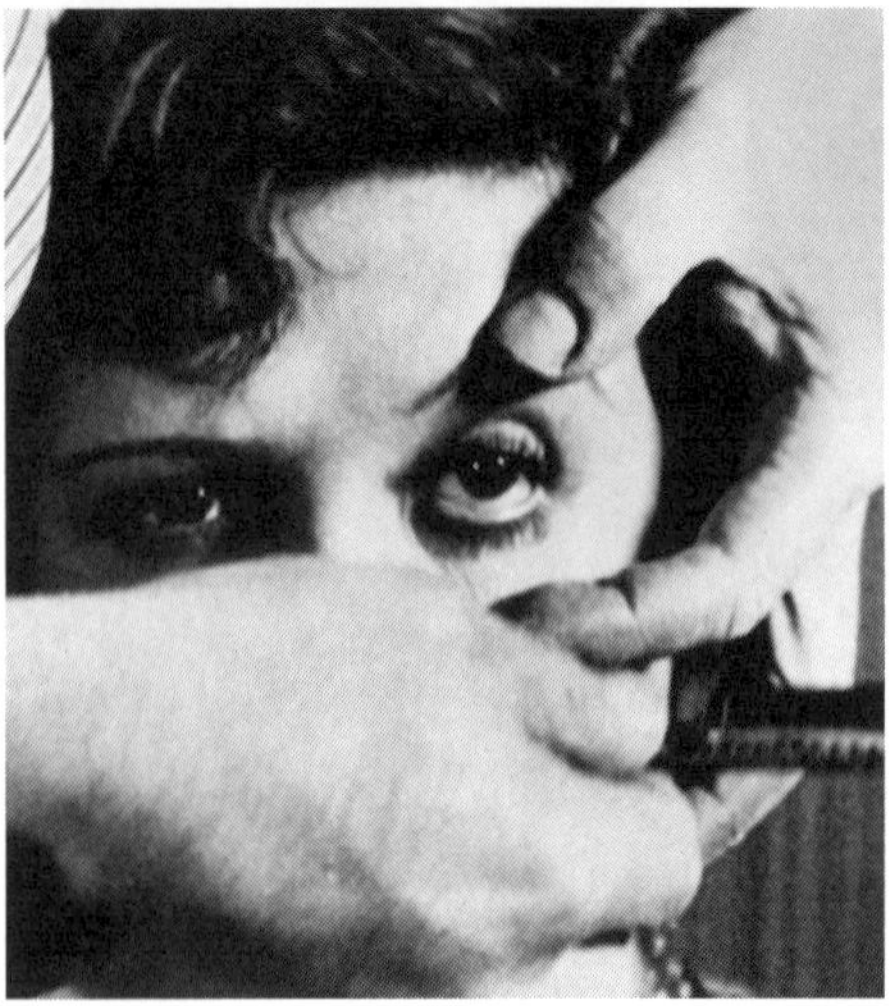

1 建築は眼の芸術形式のひとつととらえられてきた。

『ブザンソン劇場の内部を映す眼』(細部)、クロード＝ニコラ・ルドゥーの素描にもとづく版画。劇場は1775年から1784年にかけて建設された。

2 視覚はもっとも高貴な感覚であり、視力を失うことは究極の身体的損失と考えられていた。

ルイス・ブニュエルとサルバドール・ダリ、『アンダルシアの犬』、1929年。ヒロインの眼がカミソリで切られる衝撃的なシーン。

(ocularcentrism) ——に対して異議を唱えてしかるべきだと思う。また、今日の世界を支配する視覚の特徴を、きわめて批判的に検証しなければならないとも考える。今すぐに、日々の見る行為にある社会心理的病理を診断し、見る存在としての私たち自身を批判的に理解しなければならない」[15]

レヴィンは、視覚の自律的な推進力と攻撃性、視覚中心の文化に絶えずつきまとう「家父長制の亡霊」を次のように指摘している。

視覚が内に秘める権力への意志は非常に強力だ。また視覚は、とらえて固定化し、具象化して要約するきわめて強い特性をもつ。その特性とは、支配し、確保し、コントロールする特性にほかならない。しかもそれがたいへん大きく進展したために、私たちの文化にある道具主義の合理性や技術重視の社会の特徴ともあいまって視覚中心の存在の形而上学を確立していき、ついには私たちの文化と哲学的言説においてある種争う余地のない覇権《ヘゲモニー》を獲得した。[16]

現在、私たちの身近にある建築が抱えるさまざまな病理も、このレヴィンの見解と同じように、感覚の認識論の分析と、私たちの文化全般、とりわけ建築に強く見られる視覚偏重への批評を通して理解できるはずだ。現代の建築と都市の非人間性は、身体や感覚の軽視と、私たちの感覚システムにあるアンバランスとから生じていると解釈できる。たとえば、技術が重視される現代社会では疎外、分離、孤立を経験することが増えており、それは少なからず感覚の病理に関係しているだろう。興味深いのは、そうした疎遠や無関心の感覚が引き起こされるのは、病院や空港といったもっとも技術の進んだ場所であることが多いという点だ。眼の支配とほかの感覚の抑圧によって、私たちは分離や孤立、外面の尊重へと押しやられがちだ。眼の力は、確かに立派で刺激的な構造物を生み出したが、人間のこの世界への根付きをまるで発展させなかった。モダニズムの表現が世間一般の好みや価値観に浸透できずにいる理由は、知性と視覚への偏重にあるように思われる。全般に、モダニズムのデザインは知性と眼とを備えてはいるものの、身体も視覚以外の感覚も、そして記憶や想像力、夢もないがしろにしている。

視覚中心主義への批判

西洋思想における視覚中心主義の伝統と、その結果として生じる知識の観察者理論に対しては、今日の懸念が生じる以前から哲学者たちの間で批判がなされていた。ルネ・デカルトなどは視覚をもっとも普遍的で高貴な感覚とみなしていて、その客観性をもつ哲学は視覚の恩恵に基礎をおくものだった。だがその一方で、デカルトは触覚を「視覚よりも確かであり、誤りを起こしにくい」[17]ものとみなし、視覚と同等に位置づけていた。

フリードリヒ・ニーチェは、その思想の本筋とは矛盾するようにも思えるが、思考における視覚の権威を覆そうとした。そして、多くの哲学者が想定する「時間と歴史の外側にある眼」[18]を批判した。さらに哲学者の「感官に対する陰険な盲目的な敵意」[19]を告発すらしている。マックス・シェーラーは、その姿勢を「肉体憎悪」[20]だと言い切っている。

西洋の視覚中心的な知覚と思想に激しく対抗する「反視覚中心的」な意見は、二十世紀のフランス思想において発展したものであり、それを徹底的に深く掘り下げたのがマーティン・ジェイの著書『うつむく眼：二〇世紀フランス思想における視覚の失墜』[21]だ。同書でジェイは、印刷機や照明器具、写真、視覚的な詩、時間の新しい経験といった幅広い分野での発明を通して、現代の視覚中心の文化の進展をたどっている。またその一方で、アンリ・ベルクソン、ジョルジュ・バタイユ、ジャン＝ポール・サルトル、モーリス・メルロ＝ポンティ、ジャック・ラカン、ルイ・アルチュセール、ギー・ドゥボール、ロラン・バルト、ジャック・デリダ、リュス・イリガライ、エマニュエル・レヴィナス、ジャン＝フランソワ・リオタールといった独創性に富んだフランスの著述家らの反視覚の姿勢を分析している。

サルトルは視覚に対する敵意を声高に訴え、その姿勢は視覚恐怖症と言ってもよいほどだった。彼の全著作を概算すると、「眼差し」への言及が七千カ所もあるという。[22]サルトルは「他者からの対象化する眼差し、触れたものすべてを〈石化〉させる〈メドゥーサの眼差し〉[23]」に懸念を抱いていた。また、視覚中心主義の結果、人間の意識のなかで空間が時間を凌駕するに至ったとも考えていた。[24]この空間と時間との概念にもたらされた相対的な重要性の逆転が、私たちの物理的、歴史的プロセスの理解に大きな影響を及ぼす。空間と時間の一般的な概念とその相互関係は、建築にとってきわめて重要なパラダイムを形成している。ジークフリート・ギーディオンが独創性に富んだ近代建築のイデオロギー史『空間・時間・建築』[25]で明確に打ち立てたとおりだ。

モーリス・メルロ゠ポンティは、「デカルト的遠近法主義の視の制度」と「主体は世界の外側に位置し、歴史には属さず、中立的で、身体を欠いたものと前提される」[26]特権化に対して間断なく批判を浴びせた。ポンティの哲学の著作は、一貫して知覚全般、なかでも特に視覚に主眼をおいたものだ。ただデカルト的な外部観察の眼とは違い、メルロ゠ポンティの言う見る感覚とは「世界の肉」[27]の一部という肉体化された視覚である。「私たちの肉体は数ある対象物《オブジェクト》のなかのひとつの対象物であり、同時にそれを見て触れるものでもある」[28]のだ。メルロ゠ポンティは自己と世界との浸透性のある関係性——自己と世界とは互いに浸透し合い相互に定義し合う——を見いだし、諸感覚の同時性と相互作用を大きく取り上げた。「私の知覚は視覚的与件や触覚的あるいは聴覚的与件の総和ではなく、私は私の存在全体に共通する或る仕方で知覚し、物のただ一つの構造、私の全感官に同時に話しかけてくるただ一つの存在様式を捉えているということになる」[29]と、ポンティは述べている。

マルティン・ハイデガー、ミシェル・フーコー、ジャック・デリダはいずれも、近代の思想と文化がこれまでと変わらず視覚の優位性を引き継ぐにとどまらず、その負の性格を助長していると主張した。そしてそれぞれが異なる立場で、近代とそれまでの視覚支配には明確な違いがあると考えていた。現在、視覚による支配は、数多くの技術的な発明と、イメージの無限の増殖と創造——イタロ・カルヴィーノが「絶え間なく降り注ぐイメージ」[30]と呼んだ状況——によってますます強まりつつある。ハイデガーは「近世の根本的な出来事は、像《ビルト》として世界を征服してゆくことです」[31]と述べている。哲学者のそうした推測は、イメージが加工され、大量生産され、巧みに処理される現在において、まさに現実のものとなった。

拡張され力を増した今日の眼は、物質と空間に深く浸透し、地球の両側を同時に見ることとさえ可能にしている。空間と時間の経験は、スピード（デヴィッド・ハーヴェイは「時間-空間の圧縮」[32]という観念を用いている）によって互いに溶け込み、結果的に私たちはこのふたつの次元のまぎれもない逆転現象——空間を時間的に位置づけ、時間を空間的に位置づける——を目の当たりにしている。この技術社会での驚くべきスピードに唯一ついていくことのできる速さをもつ感覚、それが視覚だ。だがその眼の世界によって、いよいよ私たちはスピードと同時性によって平坦化された「永遠の現在」に生きるはめになっている。視覚イメージは大量生産の日用品となった。ハーヴェイが次のように指摘するとおりだ。「さまざまな異なった空間から一斉に押し寄せるイメージはほぼ同時的に経験可能なものになった。このことによって世界の諸空間はテレビのスクリーン上に写し出される一連のイメージへと崩落したのである。（……）さまざまな場所と空間のイメージが他の物と同じように生産され、使い捨てにされるようになったのである[33]」

数十年間受け継がれてきた現実の構成が急激に崩壊したことで、表現の危機がもたらされたのは疑いようがない。現代の芸術からは、ある種恐慌をきたしたような表現のヒステリーすら見て取れる。

ナルシストの眼とニヒリストの眼

ハイデガーの見解によると、眼の支配ははじめこそ輝かしい視覚をもたらしたが、現代では次第に虚無的《ニヒリスティック》になってきたという。そうしたハイデガーの虚無的な眼への所見が、今日ではとりわけ示唆に富んで感じられる。実際、この二十年に国際的な建築メディアが称賛してきた建築プロジェクトの多くが、ナルシシズムとニヒリズムを示しているのだ。

優位に立っている眼は、あらゆる分野の文化的な創作物を支配しようとし、さらには私たちが世界に共感し、同情し、関与するのに必要な力を弱めているように思える。ナルシシスティックな眼は、建築を単なる自己表現の手段とみなし、またきわめて重要な精神的・社会的つながりから切り離された知的で芸術的なゲームだと見ている。一方でニヒリスティックな眼は、感覚的・精神的な切り離しと疎外行為を意図的に推し進める。ニヒリスティックな建築は、身体中心の統合された世界の経験を強めるのではなく、身体を切り離して孤立させる。そして文化的秩序を再構成しようとするどころか、全体的な意味を読み取れなくしてしまう。そして世界は、快楽的だが意味のない視覚の旅になる。遠ざけ、引き離す性質をもつ視覚だけがニヒリスティックな態度を示しうる感覚なのは明らかだ。たとえばニヒリスティックな触覚など考えられない。触覚は近さ、親密さ、真実性、同一性を伝えるからだ。サディスティックな眼、さらにはマゾヒスティックな眼も存在し、それらが現代の芸術や建築の分野で使われていることも確認できる。

今日の視覚イメージの工業的な大量生産は、視覚を感情的な関わりや共感から遠ざけ、イメージを焦点や関与の感覚のないただ魅了するばかりの流れへと変える傾向にある。ミシェル・ド・セルトーは、視覚領域の拡大を否定的にとらえてこう述べている。「テレビから新聞、コマーシャルから商品のありとあらゆる展示フェスティバルにいたるまで、われわれの社会は、視覚を癌のように異常繁殖させ、どんな現実だろうと、見せるかどうか、あるいは見えるかどうかによってその価値をはかり、コミュニケーションを目の旅に変えてしまう[34]」。建築的なロジックや実体の感覚と共感を欠く、外見だけの建築イメージがはびこっている現況がその変遷の一環であるのは明らかだ。

声の空間と視覚の空間

しかし、人は常に視覚に支配されつづけてきたわけではない。実際、最初に支配的だったのは聴覚であり、視覚は次第にそれに取って代わってきたにすぎない。人類学の文献を開けば、嗅覚、味覚、触覚という個人的な感覚がふるまいやコミュニケーションにおいて重要でありつづけている文化がいくつも取り上げられている。エドワード・T・ホールの画期的な著作『かくれた次元』では、さまざまな文化での集団あるいは個人の空間の利用における感覚の役割が主題とされているのだが、残念なことに建築家らはもうそれを忘れ去ってしまったようだ。[35] 同書でホールが取り上げるパーソナルスペースに関する近接空間研究からは、空間への関わり方の本能的で無意識な側面や、行動的コミュニケーションにおける無意識の空間使用についての重要な洞察を得ることができる。その洞察は、親密で生物文化学的に機能的な空間をデザインするときの基盤となり得るものだ。

ウォルター・J・オングは『声の文化と文字の文化』[36] において、口頭伝承から記述への文化の変遷と、それが人間の意識と集団としての感覚にどのように影響した

眼の強さと弱さ

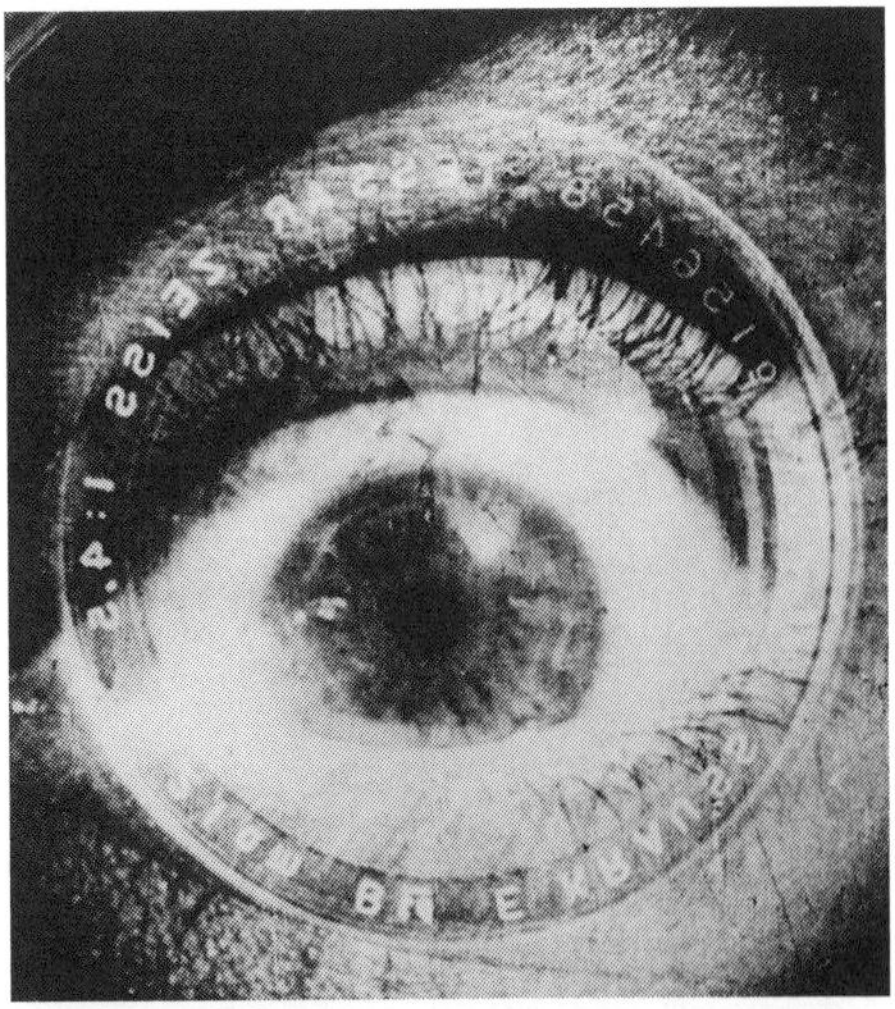

3 とりわけ現代において、数々の技術的な発明が視覚を強化してきた。いま私たちは、物質の秘密と外部空間の無限の広がりとの両方をじっくりと見ることができる。

カメラの眼。映画『カメラを持った男』（ジガ・ヴェルトフ監督）の細部。1929年。

4 私たちにとって眼は優先度がもっとも高い一方で、視覚による観察は触覚で確認されることが多い。

カラヴァッジョ、『聖トマスの不信』、1601〜02年、サン・スーシ宮殿絵画館、ポツダム。

かを分析した。オングは同書で「口頭での話しから書かれた話しへの移行は、本質的には、音から視覚空間への移行である」[37]、「印刷によって、思考と表現の世界でながく続いていた聴覚の優位は、視覚の優位にとってかわられることになった」[38]と指摘している。オングの見解によれば、「ここには、徹頭徹尾、冷たい非人間的な事実の世界がある」[39]という。

オングは、原始の口頭伝承の文化から記述された（そして最終的には印刷された）文字の文化への転換が、人間の空間の意識や記憶、理解に影響をもたらしてきたと分析する。また、聴覚から視覚へと優位性が移ったことで、具体的な状況に応じる思考に取って代わって抽象的な思考が台頭したと主張している。オングはこうした世界に対する知覚と理解の根本からの変化を不可逆の変化ととらえ、このように述べている。「ことばは、口頭での話しにその基礎をもっているのだが、書くことは、そのことばを、視覚的な場にむりやり永久に固定してしまう。（……）読み書きのできる人は、読み書きを知らない純粋に声の文化に属する人びとにとってことばがどういうものであるかということを、十分に想像することができなくなっている」[40]

実際のところ、ギリシアの思想や見方に起源をもつにもかかわらず、眼の支配が確固たるものになったのはかなり最近のことだ。リュシアン・フェーブルの見解では、「十六世紀には当初見るということがなかった。その時代には聞かれ、嗅がれた。つまり、空気を鼻で吸い込み、音を耳で捉えていたのである。ケプラー（一五七一〜一六三〇）やリヨンのデザルグ（一五九三〜一六六二）が幾何学に真剣に、積極的に取り組み、形の世界に関心を向けたのは十六世紀も終わりになって、つまり十七世紀も間近になってからのことだった。視覚が科学の世界で解き放たれたのはそれからである。視覚はそのとき、身体感覚の世界や、美の世界でも同様に解き放たれた」[41]という。ロベール・マンドルーも同様に「（諸感覚の）ヒエラルキーは、（二〇世紀と）同じではなかった。なぜなら、今日では優秀な眼も、聴覚と触覚に次ぐ、しかもそれらよりもはるかに後れを取る三番目の地位を占めていたからである、組織化し、分類し、秩序づける眼という器官は、聞くことを好む時代の寵児ではなかった」[42]と主張している。

眼の支配のゆるやかな拡大は、西洋での自我意識の発達と、自己と世界の分離の段階的な広がりと同時進行してきたように思える。ほかの感覚は私たちと世界を結びつける一方で、視覚は私たちを世界と隔てるのだ。

芸術表現は、言語が生まれる以前からもたれてきた世界の意味、すなわち単に知性によって理解される対象ではなく、私たちが組み込まれ生きる世界の意味に取り組んでいる。思うに、詩には私たちを口頭伝承の、私たちを包み込む世界へとあっという間に引き戻す力がある。声に出して読まれる詩のことばは、内面的な世界の中心へと私たちを引き戻すのだ。詩人は、ガストン・バシュラールが指摘したように「存在のしきいで語る」[43]のに加え、言語のしきいでも語っている。芸術と建築の役割もまた、分断のない内面世界の経験を再構成することだ。その世界では、私たちは単なる観客ではなく、切り離せない一部となる。芸術作品では、そうした世界と出会い、世界に身を置いてこそ存在の理解が生じる。概念化されたものでも知的に解釈するものでもない。

網膜の建築、立体感の喪失

伝統文化の建築もまた、視覚や概念に支配されることなく、身体の暗黙知と本質的に結びついているのが明らかだ。鳥が身体の動きに合わせて巣を形づくるのと同じように、建造物が身体に合わせてつくられるのが伝統文化の建築だ。世界中のさまざまな地域に固有の泥と粘土の建築は、眼の感覚以上に筋感覚や触覚から生み出されているように思える。地域固有の建造物が触覚の領域から視覚のコントロール下へと移行するこうした状況は、立体感と親密さの喪失、そして地域文化に特有の完全な融合の感覚の喪失とみなすことすらできる。

哲学的思考において指摘されている視覚の支配は、西洋建築の発展のなかにも見ることができる。ギリシア建築は見え方を調整する精巧なシステムをもち、眼を楽しませるべく非常に洗練されたものになっていた。ただ、その視覚の特権化は、必ずしもほかの感覚の拒絶を意味するわけではない。それはギリシア建築のもつ触覚や物質性、権威を誇示する重量感から見て取れる。眼は筋感覚と触覚を誘い、刺激する。視覚はほかの感覚モダリティをとりこみ得るし、それを強める可能性すらある。とりわけ重要なのが、意識されていないものの実は視覚に含まれている触覚の要素であり、歴史的な建築がその要素をしっかりと示す一方で、現代の建築ではひどくないがしろにされている。

レオン・バッティスタ・アルベルティ以降、西洋の建築論は主に視覚に関する知覚や調和、均衡の問題に取り組んできた。「絵画とは、与えられた距離と視点と光に応じて或る面状に線と色とを以て人為的に表現されたピラミッドの裁断面に外ならない[44]」というアルベルティのことばは、遠近法の理論的枠組みを概説したものだが、建築的思考にも役立てることができる。繰り返しになるが強調しておきたいのは、現代のような常に視覚イメージが遍在する時代になる前は、視覚の仕組み《メカニクス》へ意識的に焦点を絞っても、それが理由で自動的にほかの感覚を決定的かつ意図的に拒絶することにはならなかったという点だ。意図的にせよそうでないにせよ、眼は建築においての支配的な立場を、実体なき観察者（bodiless observer）という観念の出現とともに着々と獲得している。その観察者は、特に眼の技術的な拡張によって起こる他感覚の抑圧や、画像イメージの激増によって、環境との肉体的な関わりから切り離されている。マークス・ワートフスキーが主張するように、「人間の視覚はそれ自体人工物であり、別の人工物、すなわち像［picture］によって生みだされる」[45]のだ。

視覚の支配は、モダニズムの著作に色濃く表われている。たとえばル・コルビュジエの主張はこうだ。「私は見るという条件を満たした時にのみそこに存在しているのである」[46]、「私は頑なに視覚的であるし、ありつづける――すべては視覚の中にある」[47]、「鑑賞すること、それは判断することです」[48]、「君に勧めるよ。目を開けと。目を開けているって？　目を開ける訓練をしたのかね？　目を開けることができるかい？　いつも、常に、しっかりと目を開けているかい？」[49]、「人間は、建築的なものを地上一メートル七〇の高さにある目で認識する」[50]、「建築は造形のものだ。造形とは、目に見えるもの、目が測れるものだ」[51]。こうしたコルビュジエの見解は、モダニズム初期の理論がいかに眼を特別視していたかを非常に明確に示している。さらにヴァルター・グロピウスが「（デザイナーは）光学の科学的事実の知識を学び取らなければならない。つまり形成する手を導き、かつ個人の多数が調和協働して作業できる客観的な基礎を作る理論に根底をおく」[52]、モホリ＝ナジ・ラースローが

視覚の抑圧——視覚と触覚の融合

5 

6 

5 感情が高ぶっているときや深く考え込むとき、視覚はたいてい抑制される。

ルネ・マグリット、『恋人たち』、1928 年、ニューヨーク近代美術館(リチャード S. ツァイスラーより寄贈)。

6 実生活の経験においては、視覚と触覚は融合する。

ヘルベルト・バイヤー、『大都会の孤独』、1932 年、ブールコレクション。

「視覚的なものの衛生学、見られたものの健康が知れ渡る」[53]と言明していることからも、モダニズムの思想において視覚が中心的な役割を担っていたのは明らかだ。

ル・コルビュジエの信条としてよく知られる「建築は光の下に集められた立体《ボリューム》の蘊蓄であり、正確で壮麗な演出である」[54]は、まぎれもなく「眼の建築」を語ったものだ。とはいえ、コルビュジエ自身は高い造形力と、物質性、立体感、重量感に対するすばらしい感覚を備えたすぐれた芸術的才能の持ち主であり、そうした能力のおかげでその建築は諸感覚の極端なミニマリズムには陥らなかった。デカルト的な視覚中心の主張を声高にしていたにもかかわらず、コルビュジエの作品において手は眼に劣らぬほど献身的にその役割を果たしていたのだ。コルビュジエのスケッチや絵画には触覚の要素が力強く現れているし、そうした触感的な感覚はコルビュジエの建築に対する考えにしっかり組み込まれている。反面、都市計画関連のコルビュジエのプロジェクトには、驚くほど強いミニマル志向がみられる。

ミース・ファン・デル・ローエの建築では、正面からの遠近法的な知覚が支配的ではあるものの、比類ない構成、構造、重量、ディテール、巧みさの感覚が、視覚的なパラダイムを圧倒的に豊かなものにしている。それに、建築作品のすばらしさは、対立あるいは矛盾する意図やほのめかしをうまく融合してこそ生まれるものだ。観察者をもっと感情的に建築に関与させるには、意図した狙いと意図しない衝動との間に緊張が必要になる。「どんな場合でも、対立するものの同時解決をなさなければならない」[55]と、アルヴァ・アアルトが述べているとおりだ。ただ、芸術家や建築家の口にする声明はことばどおりに受け取るべきではないことが多い。というのも、そのことばが何か意図をもった表層的な理由づけや、自己防衛のしるしでしかないことも少なくはなく、真に作品に生命をもたらすもっと深遠な無意識の意図とはまるで矛盾しているかもしれないからだ。

視覚のパラダイムは、ルネサンスの理想化された都市計画から、「視覚の衛生学」を反映した機能主義のゾーニング方式や計画方式まで、都市計画においても支配的な状況にある。特に現代都市は、自動車によって高速で移動したり、飛行機から全景を把握したりすることで身体から分離され、ますます「眼の都市」になっている。都市計画のプロセスでは、理想化され、現実離れした、そして制御と分離の性格をもつデカルト的な眼が好まれてきた。都市計画は、ジャン・スタロバンスキーの言うところの「張り出した視線［le regard surplombant］（上からの視線）」[56]、あるいはプラトンの言う「魂の眼」を通して眺められる、きわめて理想化、体系化されたビジョンとなったのだ。

最近まで、建築の理論と批評が取り扱ってきたのは、ほぼ例外なく視覚と視覚表現のメカニズムばかりだった。建築的な形態の知覚や経験の分析は、圧倒的な頻度で知覚に関するゲシュタルトの法則によって行われてきた。教育理念も同様で、建築を主に視覚の観点から理解し、空間のなかに三次元の視覚イメージを構築することに力を置いてきた。

視覚イメージとしての建築

かつて、印象的で記憶に残る視覚イメージづくりを狙う建築が主流となったこの半世紀ほど、建築手法において眼への偏重があからさまだったことはない。建築は、立体感のある造形や空間の実存的経験ではなく、何かを広告したり見る人を瞬時に説得したりする心理的手段の役割を担いはじめた。建築物は実存的な奥行や率直さから切り離されたイメージの産物となったのだ。

デヴィッド・ハーヴェイは、現代的な表現における「一時性の喪失と瞬間的影響の探求」[57]は、表現の奥行の喪失に関係するとしている。また、フレドリック・ジェイムソンは「意図された深層喪失状態」という概念で現代文化の状況を説明し、「外見、表層、瞬間的影響にしがみついており、時代を超えて持続するような力を持たない」[58]と言う。

世の中にイメージが氾濫しているがために、現代の建築は単なる網膜の芸術と見られることが多く、結果的にギリシアの思想と建築に端を発した視覚中心の認識論が完結するかたちになっている。しかし、その変化は視覚の支配だけではすまなかった。建築は、状況への身体的遭遇ではなく、カメラという慌ただしい眼によって固定された印刷イメージになったのだ。現代の画像の文化においては、私たちの眼差しそのものまでもが画像の姿へと平坦化され、立体感のある造形を失う。私たちは、世界の中に存在する自身を体験するのではなく、網膜に投影されたイメージの観察者として外界からそれを眺めるのだ。デイヴィッド・マイケル・レヴィンは、世の中に広がる正面的で固定され、焦点の絞られた視覚を「正面の存在論（frontal ontology)」[59]ということばで表現している。

スーザン・ソンタグは、私たちが世界を知覚するうえで撮影されたイメージがどのような役割を果たしているかを鋭く洞察する。そしてたとえば「世界を一組の潜在的な写真と見る思考性」[60]について見解を記し、「現実の方がだんだんカメラで見せられるものに似てきたように思える」[61]、「写真の偏在は私たちの倫理的な感受性にはかり知れない影響を与えている。写真はこのすでに雑多な世界に複写の映像を一枚提供することによって、世界は実際以上に利用できるものだという感じをわれわれに与えるのである」[62]と主張した。

建築物は、立体的な造形感や、身体の言語や知恵とのつながりを失うにつれ、冷淡で距離のある視覚の領域へと孤立していく。人の身体、特に手のために巧みにつくられた触覚や尺度、ディテールが失われることで、建築物は平坦で鋭角になり、非物質的で非現実的なものになる。そうやって現実的な物質や制作から切り離された建築は、眼のための舞台装置になり、物質や構造に本物らしさを欠いた舞台美術になる。ヴァルター・ベンヤミンが本物の芸術作品に不可欠な資質であるとした

「アウラ」の感覚、すなわち存在の権威は失われてしまった。手段化されたテクノロジーの産物となった建築物は、その建設過程が隠されて、命のない亡霊のように見える。そして建築物への使用の増えた反射率の高いガラスが、非現実的で遊離した夢のような感覚を強めている。建築物のそうした矛盾をはらんだ不透明な透明性は、何か影響を受けるわけでもなく冷淡に眼差しを反射して返し、その壁の向こうにある生活を見ることも想像することもできない。この建築的な鏡は、私たちの眼差しを突き返して世界を二倍にする、得体の知れない空恐ろしい装置だ。

物質性と時間

現在の一般的な建築物に見られる単調さは、物質性の感覚が弱まることでますます助長されている。石や煉瓦、木といった自然素材なら、私たちはその表層を見通して本物であると確信することができる。またそうした自然素材は、その由来や人間が使ってきた歴史だけでなく、経てきた年月も示してみせる。すべてが時間の連続のなかに存在していて、使い込まれた末の変色すらも、建築素材に豊かな時間の経験を加える。しかし、現代の機械生産の素材——スケール感のない板ガラス、被膜処理された金属、合成樹脂——は、その本質や年月を伝えることなく、断固として変化しない表層を私たちの眼に示しがちだ。このテクノロジーの時代につくられる建築物が目指しているのは、永遠に廃れることのない完ぺきさであり、時間という次元や、不可避かつ精神的に大きな意味をもつ加齢というプロセスはそこに組み込まれない。使われてきた痕跡や年月に対するそうした恐れは、私たちの死への恐怖に関係している。

透過性、無重力感、浮遊感といった感覚が、現代の芸術と建築の中心テーマだ。またここ数十年で、新たな建築イメージも出現してきた。反射、透明度のグラデーション、重ね合わせ、並置などを用いて、空間の厚みを感じさせたり、絶妙で変化に富む動きや光の感覚を生み出したりするものだ。こうした新しい感性には、近年のテクノロジーを活用した建築物のどちらかというと非物質的な重量感のなさを、空間、場所、意味の前向きな経験へと変えることが期待できる。今日の環境では時間の体験が弱まっていて、それが私たちの精神面に壊滅的な影響を及ぼしている。米国の精神科医ゴッタルド・ブースのことばを借りるなら、「一生という短い期間を凌駕するプロセスに関与することほど、人を満足させることなどない」[63]のだ。私たちは、時間の連続性に自身が深く根付いていることを十分に理解する必要があるし、人工の世界においてそうした経験をつくりだすのが建築の役割である。建築は、無限の空間を手なずけて私たちがそこに暮らせるようにするが、それに加えて無限の時間も手なずけて私たちが時間の連続体のなかに暮らせるようにもしなければならないのだ。

現在の建築では知的でコンセプチュアルな側面が過剰に強調され、それが建築の身体的、官能的、肉体的な本質の消失を引き起こしている。前衛的ぶった現代建築は、人間の存在の問題に対応するよりも、建築的な議論そのものや、芸術との境界と言えそうな領域の探索に取り組んでいることのほうが多い。この還元主義的な焦点の絞り方は、私たちが共に生きる実存的な現実に立脚することのない内面化されて自律的な感覚、いわば建築の自閉症とも言える感覚を引き起こす。

建築だけでなく現代文化全体が、人間の現実との関わりにおいて、距離感のある、ある種ぞっとするような脱官能、脱エロティシズムの方向へと押し流されている。絵画と彫刻ですら官能性を失いつつあるように思える。現代の芸術作品は、親密さの感覚を誘うのではなく、好奇心や喜びの感覚からは距離をおいた拒絶を示していることが多い。そうした作品は、感覚や、未分化の身体的応答にはたらきかけるのではなく、知性やコンセプチュアルな力に語りかける。絶え間なく浴びせかけられる無関連なイメージの集中攻撃は、イメージの感情的な意味を次第に空っぽにするばかりだ。イメージは、退屈を先送りするためにとめどなくつくられ続ける消費財になってしまう。そして人間もまた商品化され、自身がまさに存在している現実に向き合う勇気もその可能性すらもてず、ただただ自分たち自身を消費するのだ。私たちは、つくりものの夢の世界に生かされている。

ハンス・ゼードルマイヤーの刺激的だが不穏な気持をかき立てる『中心の喪失：危機に立つ近代芸術』[64]のような調子で、現代美術に対して保守的な見解を述べたいわけではない。ただ、世界に対する私たちの感覚や知覚経験は明らかに変化しているし、それが芸術や建築に反映されていると言いたいだけだ。建築に束縛からの解放や癒しの役割をもたせたいなら、実存的な意味がむしばまれていくのを助長する

眼の都市——触覚の都市

7
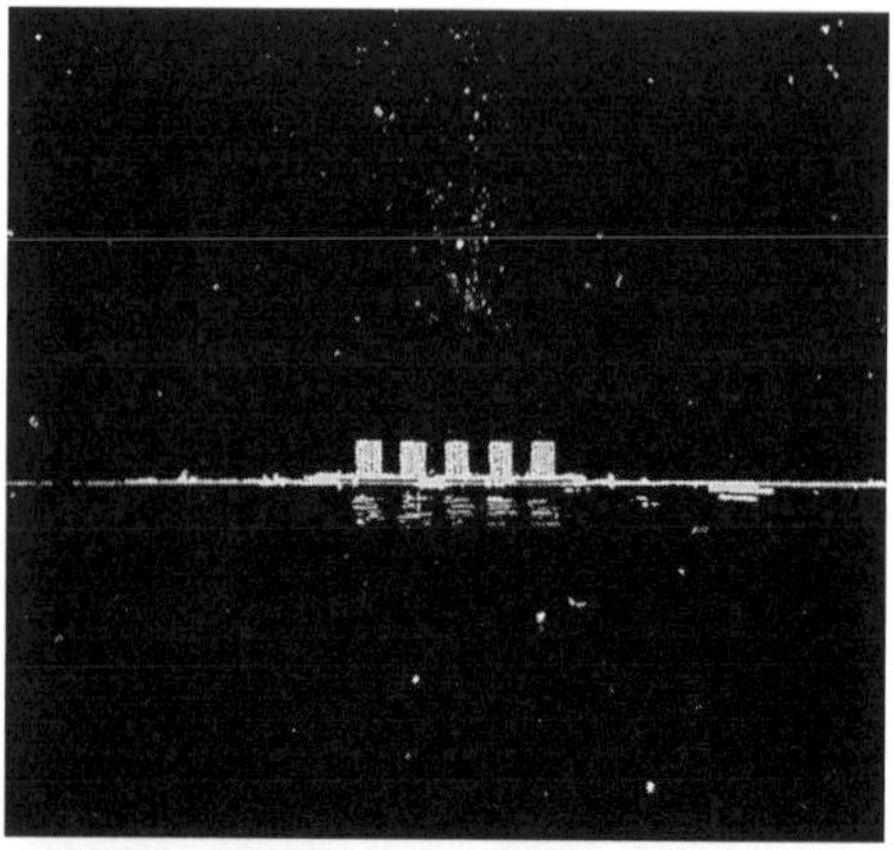

8

7 現代都市は眼の都市であり、距離と外面の都市である。

ル・コルビュジエの提案したブエノスアイレスの輪郭。1929年、ブエノスアイレスでの講演時のスケッチ。

8 触覚の都市は、内面性と近さの都市である。

スペイン南部の丘上都市カサレス。
写真：ユハニ・パッラスマー

のではなく、建築をその時代の文化面、精神面の現実と強く結びつけるいくつもの密かな方法についてじっくり考えなおす必要がある。加えて、現在の政治的、文化的、経済的、認知的、知覚的な発展によって、建築の実現の可能性が脅かされたり、軽視されたりしている状況を認識しなければならない。建築は、絶滅の危機に瀕した芸術形態なのだ。

「アルベルティの窓」の拒絶

もちろん、眼自体がずっとルネサンスの遠近法理論が前提とする単眼で固定された眼だったわけではない。眼は支配的な立場にたち、これまで視覚的な知覚や新たな表現領域を勝ち取ってきた。たとえばヒエロニムス・ボスやピーテル・ブリューゲルの絵画は、複数のシーンの間を動き回って見るように眼の参加を誘うものだった。ブルジョアたちの生活を描いた十七世紀オランダの絵画では、普段の光景や日用の品がアルベルティの窓［アルベルティは著書『絵画論』において、絵画を

「窓」にたとえている」のフレームを越えて広がっている。またバロック絵画は、輪郭をあいまいにし、焦点をぼかし、複数の視点をもつことで、視覚の可能性を広げ、独特で手触りの感覚のある魅力を示すとともに、その幻想的な空間内をくまなく旅するように身体を誘う。

　モダニティの発展には、デカルト的な遠近法の認識論から眼を解放することが不可欠だった。ジョゼフ・マロード・ウィリアム・ターナーの描く絵画は、バロック期にはじまった、フレームとそれを覗く固定された眼との排除を引き継いでいたし、印象派の画家らは輪郭線やバランスのとれた構成、遠近法の奥行を放棄した。またポール・セザンヌは「どんなふうにしてわれわれに触れるかを見させようと[65]」切望していた。キュビスムは単一焦点を捨て去り、周辺視野を再活性化し、触覚的な経験を強めている。その一方でカラー・フィールド・ペインティングの画家たちは象徴的な創作物として、また自律的な現実性として絵画そのものの存在感を高めようと、実体のない奥行を拒絶した。ランド・アートの作家らは作品のリアリティーと「生きられた世界」のリアリティーを融合させ、最終的にリチャード・セラは私たちの水平・垂直、物質性、重力、重さに対する経験だけでなく、肉体そのものに

建築と人間の姿

9

10

9 建築物は私たちの身体になぞらえて解釈される傾向がある。逆もまた然りだ。

アテネのアクロポリスの上にたつ神殿エレクテイオンのカリティアード［柱として女性の立像を用いたもの］（紀元前421～405年）、大英博物館、ロンドン。

10 古代エジプト王朝の時代以来、建築には人体の尺度が用いられてきた。現代においては、この人間中心の伝統がほとんど忘れ去られてしまっている。

コルビュジエによる、人体の寸法と黄金比からつくった建築の基準寸法システムである「モデュロール」。

はたらきかけるようになった。

そうした芸術と同じように、近代建築においても、文化的には視覚が特権的な立場にあるにもかかわらず、遠近法的な眼の支配に対する逆行が起こってきた。なかでもフランク・ロイド・ライトの筋感覚的で質感のある建築、アルヴァ・アアルトのたくましく触感のある建築、ルイス・カーンの幾何学的で厳かな建築は特に大きな意味をもつ顕著な例だ。

視覚と感覚の新たなバランス

おそらく、眼が暗にもつコントロールと権力への欲求から解き放たれた焦点の定まらない現代の視覚こそ、ふたたび視覚と思考の新たな領域を拓くことができる眼だ。ひっきりなしにイメージが流れ込むことで生じた焦点の消失は、眼を家父長ぶった支配役から解放し、参加型・共感型の眼差しを生み出すだろう。今までずっと、テクノロジーによる感覚の拡張によって視覚の優位性が強まりつづけてきたが、新たなテクノロジーは「身体が（……）デカルト主義における脱身体化された中立的な眼差しの特権を奪う[66]」手助けにもなるかもしれない。

マーティン・ジェイは「明示的・直線的・安定的・固定的・平面図的・閉鎖的なルネサンスの形態（……）に対して、バロックでは色彩が強調され、空間は窪み、形態はソフトフォーカスされ、多様で、開かれている[67]」と述べ、「バロックの視覚経験は（……）、触覚的《タクテイル》ないし触感的《ハプテイツク》な性質を強く帯び、デカルト的遠近法主義のような硬直した視覚中心主義から逃れるのである[68]」とも主張している。

現代の視覚イメージのもつ触感的な存在感を通して、触覚的な経験は視覚体制へとふたたび浸透しつつあるように思える。たとえばミュージックビデオや、現代都市の多層化した透明感のなかで、分析的に観察するためにイメージの流れを止めることなどできない。私たちは、水泳選手が肌で水の流れを感じ取るように、そのイメージの流れを触感の強まった刺激として感じとらなければならないのだ。

デイヴィッド・マイケル・レヴィンは、細大漏らさず網羅された示唆に富む著書『*The Opening of Vision: Nihilism and the Postmodern Situation*（視覚の始まり：ニヒリズムとポストモダン）』において、「実然的な眼差し」と「アレーテイア的な眼差し[69]」というふたつの視覚モードの違いを述べている。レヴィンによると、実然的な眼差しは狭量で独断的、不寛容で硬直し、固定されて柔軟性がなく、排外的であり動きがない。対してアレーテイア的な眼差しは、真実についての解釈論に結びつくもので、複数の立場や視点から見る傾向にあり、多様で多元的、民主的、文脈的、包括的、対等で配慮ある姿勢をもつ。[70] レヴィンが指摘するように、見る行為の新たなモードが出現しつつある兆しは確かに感じられる。

新たなテクノロジーは視覚の支配を後押ししてきたが、同時に諸感覚の領域間のバランスをとりなおすのにも一役買っているとも考えられる。ウォルター・オングは「エレクトロニクスの技術は、電話、ラジオ、テレビ、さまざまな録音テープによって、われわれを『二次的な声の文化』の時代に引きずり込んだ。この新しい声の文化は、つぎの点で、かつての［一時的な］声の文化と驚くほど似ている。(……) そのなかに人びとが参加［して一体化］するという神秘性をもち、共有的な感覚をはぐくみ、現在の瞬間を重んじ (……)」[71] ているとの見方を示す。

人類学者のアシュレイ・モンタギューは「西洋社会に生きる私たちは、ないがしろにされてきた諸感覚を発見し始めている。この気づきの進展は、テクノロジー化された社会で味わってきた感覚的な経験を剝奪される痛みに対し、遅ればせながらある種の反逆を意味するものだ[72]」と述べている。その新たな気づきを、いま力強く表現しているのが建築家だ。世界中の数多の建築家らが、物質性や触感、質感や重量、空間の密度や形ある光といった感覚を強め、建築をふたたび感覚的なものにしようと試みている。

第二部

PART TWO

第一部で概観したように、諸感覚に対する視覚の特権化は、西洋思想においては明確にテーマとして掲げられてきたし、今世紀の建築でも明らかに視覚への偏重はある。もちろん、この建築におけるマイナスの展開は、技術的合理性そのものの抽象化・普遍化の影響、さらには管理、組織、生産の力とパターンにも強力に支持されている。感覚領域におけるマイナスの展開も、視覚の歴史的な特権化そのものに直接起因するものであろうはずはない。視覚をもっとも重要な感覚に位置づける見解は、生理学的、知覚的、心理学的な事実にしっかりと根付いたものだ。[73]問題は、眼がほかの諸感覚との本来の相互作用の範囲から外れて孤立すること、またほかの感覚を排除、抑制し、世界の経験が視覚の範疇へと次第に縮小、制限されることで生じる。この分離と縮小によって、知覚システムに元来備わっている複雑さ、包括性、柔軟性が打ち砕かれ、孤立と単純化の感覚が強められる。

この第二部では、諸感覚の相互作用について見ていくとともに、建築の表現と経験における諸感覚の領域についての所見をいくつか述べる。本稿では、一般的な建築作品の視覚的解釈への対抗意見を示しつつ、知覚の建築というものについて明確に主張していきたい。

身体中心

私は、この身体で都市に向き合っている。脚はアーケードの長さや広場の幅を測る。眼差しはこの身体を大聖堂のファサード上に無意識に投影し、レリーフや繰形を見渡し、凹凸を感じ取る。手は扉の引き手を握り、体重は大聖堂の大きな扉の重みと引き合い、私はその扉の向こうの暗い空間へと入っていく。私は都市の中で自分自身を経験し、都市は私の身体的な経験を通して存在する。都市と私の身体は互いに補い合い、定義し合う。私は都市に住まい、都市は私に住まう。

メルロ＝ポンティの哲学は、人間の身体を経験的世界の中心に据えた。そしてリチャード・カーニーが「志向性の生ける中心である私たちの身体を通して、私たちが私たちの世界を選び、その世界が私たちを選ぶ」[74]と要約した見解を一貫して主張している。メルロ＝ポンティ自身も次のように述べる。「自己の身体の世界におけるは、心臓の有機体におけるようなものである。それは、たえず視覚的光景に生命を与え、それをうちから活気づけ、養っている。つまり、それと一つのシステムを形づくっているのである」[75]、「感覚的経験は不安定なものであって、自然的知覚、つまり私の身体の全体をもって同時になされ、相互感官的世界に向って開くところの自然的知覚とは、無縁なものである」[76]

感覚的経験は身体を通して統合される。いやむしろ、身体と人間の存在モードの構成そのものへと統合される。精神分析理論は、統合の中心として身体イメージあるいは身体図式《ボディスキーマ》という観念を取り入れた。私たちの身体と動きは、絶えず環境と相互に作用し合っている。つまり世界と自己は、常に互いに影響をもたらし合い、再定義し合っているのだ。身体という知覚対象と世界のイメージは連続したひとつの実存的経験になる。空間内にある自らの居所から切り離せる身体など存在せず、知覚する自己の無意識のイメージとの関わりのない空間も存在しない。「身体像は、生涯の初期における皮膚経験と方向経験によって基本的に形成される。視覚像はその後に発達し、その意味は、皮膚感覚で得た原体験によって決定される」[77]と、ケント・C・ブルーマーとチャールズ・ウィラード・ムーアは一九七七年の著書『建築デザインの基本──人間のからだと建築』で主張する。同書は、建築的な経験における身体と諸感覚の役割を最初期に研究したもののひとつだ。さらに二人は、「今日、われわれの住まいに欠けているのは、身体と想像力と環境との間の潜在的相互作用である」[78]、「少なくとも、現実の場所が、ある程度まで心に残るのは、ひとつには、そこがユニークな場所だからだが、他にも、それが十分な連想を生んで、われわれの個人的世界の中で、それを保持しつづけられるからである」[79]と説明している。

複数の感覚による経験

森の中を散歩すると爽快で心が癒されるが、これはすべての感覚モダリティが絶え間なく相互作用するためだ。バシュラールが言うところの「五感のポリフォニイ」である。[80]眼は身体とほかの諸感覚と協働する。人のリアリティーの感覚は、この絶え間ない相互作用によって強められ結びつけられる。本来、建築は自然を人工の領域へと拡張するものであり、知覚のための地盤と、世界を経験し理解するための視野を提供する。決して孤立し、自己完結する人工物ではない。私たちの関心と実存的経験を、もっと広範囲へと誘うものなのだ。さらに建築は、社会制度にも日常生活にも、概念的で物質的な構造をもたらす。そして一年のサイクル、太陽の軌跡、一日の時間の経過を具象化する。

建築に接する経験では、いつも多感覚が同時にはたらく。空間の質や素材、規模を、眼、耳、鼻、肌、舌、骨格、筋肉が同等に判断するためだ。建築は実存的経験、つまり自身が世界の中に存在しているという感覚を強め、それは自己の経験の本質的な強まりでもある。建築は視覚、あるいは基本的な五感だけではなく、互いに作用し合い融け合ういくつもの領域の感覚的経験に影響を及ぼす。[81]

心理学者ジェームズ・J・ギブソンは、感覚とは単に受動的に受け取るものではなく、積極的に求めるメカニズムであると考えた。そして五つの感覚を個別にとらえるのではなく、視覚システム、聴覚システム、味覚―嗅覚システム、基本的方向システム、触覚システムという五つの感覚システムに分類した。[82] またシュタイナー哲学では、実のところ私たちは十二以上の感覚を用いているとされている。[83]

眼はほかの諸感覚との協働を望んでいる。視覚を含むすべての感覚は、触《ふ》れる感覚の延長――皮膚の特殊状態――にあるとみなすことができる。そうした諸感覚は、肌と環境との境界、言い換えれば身体という不透明な内部と世界という外部との境界を明確にする。ルネ・スピッツは、「あらゆる知覚は口腔においてはじまり、その口腔が内的な受容器から外的な知覚へと原始的な本能にもとづく橋渡しの役割を担う」[84]との見解を示す。眼は、「触れ」さえもする。眼差しには、無意識なタッチや身体の模倣・同化が含まれているのだ。マーティン・ジェイが、メルロ゠ポンティの感覚哲学を語る際に引用しているように、「視覚によってわれわれは太陽や星に触れ[85]」る。そのメルロ゠ポンティに先だって、十八世紀のアイルランドの哲学者で聖職者でもあったジョージ・バークリーは触覚を視覚に関連づけ、触覚の記憶の助けなしには物質性、距離、空間の奥行を視覚で理解することなど不可能だと考えた。バークリーの見解によると、視覚には触覚の手助けが必要であり、その触覚が「固性や抵抗、突起[86]」といった感覚をもたらす。そして触覚から切り離された視覚は「距離、外部にあること、あるいは深さなどについて、したがって空間や物体について、直接的にせよ示唆によるにせよ、いかなる観念も持つことはないであろう[87]」という。そのバークリーと同じく、ヘーゲルも空間の奥行を感じさせる唯一の感覚は触覚だと主張している。というのも、触覚は「物体の重量、抵抗、三次元の形状（ゲシュタルト）を感じ取るものであり、ひいては事物があらゆる方向へと広がっていくことを認識させる[88]」からだ。

視覚は、すでに触覚が知る事柄を明らかに示す。触覚は、無自覚の視覚と考えることもできるかもしれない。私たちの眼は遠くにある表面や縁形、輪郭をなで、その無意識の触覚がその経験の好ましさや不快さを決定する。遠さや近さも同等の強さでもって経験され、それらが統合されてひとまとまりの経験になる。メルロ＝ポンティはこのように述べている。

われわれは、対象の奥行や、ビロードのような感触や、やわらかさや、固さなどを、見るのであり――それどころか、セザンヌに言わせれば、対象の匂いまでも見るのである。もし画家が、世界を表現しようと思うならば、色彩の配置が、そのなかに、この分かちえぬ全体を含んでいなければならぬ。さもなければ、その絵は、物への暗示となり、物を、絶対的な一体性や現存性を持ったものとして、われわれすべてにとっての現実の定義にほかならぬ乗りこええぬ充実性をそなえたものとして、示すことはないであろう。[89]

バーナード・ベレンソンは、芸術作品は「生を力づける」[90]ものであるべきというゲーテの考えを発展させ、私たちが芸術的な作品を経験するときには「表象になった感覚」によって真の身体的な出会いを想像しているという見解を示している。ベレンソンが何よりも重視したのが、自身が「触覚値」[91]と名付けた概念だ。ベレンソ

参加の街と疎外の街

11

12

11 感覚とともにある街。

ピーテル・ブリューゲル、『子供の遊戯』（細部）、1560 年、ウィーン美術史博物館。

12 感覚を奪われた街。

ブラジル、ブラジリアの商業エリア、1968 年。
写真：ユハニ・パッラスマー

ンは、本物の芸術作品は私たちの表象になった感覚を刺激し、その刺激は生を力づけると考えていた。確かに私たちはピエール・ボナールの入浴する裸婦の絵画に温かさを感じるし、ターナーの風景画には湿度を感じる。さらに、マティスの海へと開かれた窓の絵から太陽の熱や風の冷たさを感じることもできる。

同じように建築作品もまた、さまざまな印象が統合された不可分の複合物をつくりだす。フランク・ロイド・ライトの落水荘に実際に遭遇すると、周囲を取り巻く森や、落水荘自体のボリューム、表面、テクスチャ、色彩、さらには森の匂いと川の音までが織りなされて、比類ない豊かな経験が生み出される。建築作品は、ばらばらの絵の集合体として視覚的に経験されるのではなく、物質的・精神的な存在の完全な具現化として経験される。また建築作品は物理的・精神的構造の両方を取り込み、満たす。建築を描いたものに見られる視覚的な正面性は、実際に建築を経験する際には失われる。すぐれた建築の表層が提示するのは、眼が快く触れられるような形状や繰形だ。ル・コルビュジエは「刳り型《モデナチュール》は建築家の試金石である」[92]と述べ、眼ばかりで建築を解釈していると思われがちな自身の姿勢に触覚的な要素があることを明らかにしている。

ある感覚領域のイメージはほかのモダリティのイメージを豊かにする。存在のイメージは、記憶、想像、夢のイメージを生み出す。ガストン・バシュラールは「家のもっとも貴重な恩恵は（……）、家が夢想をかくまい、夢みる人を保護し、われわれに安らかに夢みさせてくれること」[93]と述べている。しかし、それだけではない。建築空間は、私たちの思考を組み立て、立ち止まらせ、強化し、焦点を絞り、さらにはその思考が道に迷うのを防ぐ。私たちは屋外にいる自身を夢みたり感じ取ったりすることもできるが、明晰な思考のためには室という建築的な空間形状が必要だ。思考の形状は、空間の形状と共鳴し合う。

岡倉天心の『茶の本』では、日本の茶道の飾り気のない状況が呼び起こす多感覚のイメージが繊細に描写されている。

> 鉄の茶釜のなかのたぎる湯の音のほかには沈黙を破る何物もないまでに静寂が支配するに至って、はじめて室中へ入ってくるであろう。茶釜は申し分なく歌っている、それというのは、特殊な旋律《メロディ》を出すようにその底に鉄片が並べてあるからである。そうしてその旋律のなかに、人は、雲に覆

われた滝の、岩の間に砕けるはるかな海の、竹林を吹き払う雨風の、さてはどこか向こうの丘に立つ松の颯々《さつさつ》たるひびきの、こだまを聞くこともできるのである。[94]

この岡倉の描写では、存在と不在、近くと遠く、感じるものと想像するものが溶け合っている。身体は単なる実体としての肉体ではなく、記憶と夢、過去と未来によって豊かになる。エドワード・S・ケーシーは、身体の記憶がなければそもそも私たちは記憶することなどできないだろうとさえ言う。[95] 世界は身体に反映され、身体は世界に映し出される。私たちは神経系統や脳を通してだけでなく、身体を通して記憶しているのだ。

感覚は、知性による判断のための単なる情報の媒介役ではない。想像力に火をつけ、感覚的思考を明確にする手段でもある。あらゆる芸術は、特有の媒介作用を発揮し、感覚的に関与して、形而上学的・実存的な思考を精緻につくりこむ。メルロ＝ポンティは、「どんな絵画理論も一つの形而上学だ」[96]と見ているが、この見方は実際の作品制作へと拡大して適用ができるだろう。というのも、どんな絵画も、世界の本質に関する暗黙の前提の上に成り立っているからだ。「画家は『その身体を携えている』と（ポール）ヴァレリが言っている。実際のところ、〈精神〉が絵を描くなどということは、考えてみようもないことだ[97]」と、メルロ＝ポンティは主張している。

建築も同じで、人間の身体や空間におけるその身体の動きをまるで反映しない、ただ純粋に思索的な建築などとても考えてみようがないだろう。建築のわざは、世界における人間の存在に関する形而上学的・実存的問題にも取り組んでいる。建築物をつくる行為は明瞭な思考を呼び起こす。その思考とは、諸感覚と身体を通し、また建築という特殊な媒介を通して明確に具象化された思考だ。建築は、「造形的な感動[98]」を通して、人が肉体的に世界に対峙する思考を綿密につくりあげて伝える。メルロ＝ポンティはセザンヌの絵画について「それ（世界）がどんなふうにしてわれわれに触れるかを見させようと[99]」するものだと述べているが、私は建築にも同じ務めがあると思う。

陰影の重要性

眼が距離と分離の性格をもつ器官である一方、触覚は近くて親密な愛情の感覚だ。眼は探索し、制御し、調査するが、触覚は接近し愛撫する。私たちは感情的経験に圧倒されているとき、視覚という距離のある感覚を遮断することが多い。夢みているとき、音楽を聴いているとき、愛する人を愛撫しているとき、私たちは目を閉じる。濃い影や暗闇はきわめて重要だ。鮮明な視覚をぼかし、奥行や距離をあいまいにし、無意識の周辺視覚と触覚の夢想を誘ってくれる。

現代都市の明るくてどこも均質に照らされた街路に比べて、暗がりと明るい領域とが交互に現れる古い通りのどれほど神秘的で魅力的なことか！ ほの暗い光と影は、想像力と空想をかき立てる。はっきりと考えるためには、視覚の鮮明さは抑制しなければならない。そうすれば、ぼんやりとした焦点の合わない眼差しをもって思考を巡らすことができる。空間の均質化が存在の経験を弱め、場の感覚を消し去ってしまうのと同じく、明るく均質な光は想像力を奪い去る。人間の眼は完全に、鮮やかな日光よりも夕暮れの薄明かり向きにできている。

霧と夕暮れは、視覚イメージをあいまいにぼかすことで想像力を呼び起こす。中国の霧がかった山水画や、龍安寺のゆるやかに傾斜した石庭は、焦点を絞らない見方を喚起し、まるで催眠にかかったような瞑想状態を引き起こす。ぼんやりとした眼差しは、物的イメージの表層の奥を見通し、焦点を無限に合わせる。

谷崎潤一郎は著書『陰翳礼讃』において、日本料理は陰影に依存していて、暗黒とは切っても切れない関係にあると指摘し、「羊羹（……）を塗り物の菓子器に入れて、（……）あたかも室内の暗黒が一箇の甘い塊になって舌の先で融けるのを感じ」[100]ると言った。谷崎のこの描写は、かつて芸者が歯を黒く染め、唇には暗い緑の笹紅をさし、顔を真っ白に塗っていたのが、すべて室内の陰影の強調を意図してのことだったのだと気づかせてくれる。

同様に、カラヴァッジョやレンブラントの絵画がもつ焦点や存在感の際立って強烈な感覚もまた、そこに主役があたかも高貴な品であるかのようにはめ込まれた、光という光を吸収する黒いベルベットの背景の深い暗闇から生み出される。影は、光の中にあるものに形と生命をもたらす。また、幻想と夢の生じる領域をもたらすのも、影だ。そうした明暗法《キアロスクーロ》という技法を、熟練した建築家も会得している。すばらしい建築空間では、いつも影と光が深く呼吸をしている。影が光を吸い込み、照明や明かり取りが光を吐き出しているのだ。

現在、光といえば光量だけが問題とされ、窓は囲われた空間と開いた空間、内部と外部、私と公、影と光という二つの世界の間の媒介としての重要性を失っている。存在論的な意味合いを失った窓は、単なる壁の欠損部分になってしまった。現代建築において親密な内密さや神秘性、影を表現する真の魔術師ルイス・バラガンは、このように書いている。

> 巨大なガラス窓の使用は、（……）建物から親密さも、影や雰囲気の効果も奪い去る。世界中の建築家が大面積のガラスや外部に開かれた空間を用いる際にそのバランスを誤ってきた。（……）私たちは親密さの中に生きる感覚を失い、ほとんど自分の住まいから離れてパブリックスペースに生きることを強いられている。[101]

現代のパブリックスペースのほとんども、もっと光を弱めた親密さをつくり、それを不均一に配すれば、より面白みのある空間になるだろう。アルヴァ・アアルトの手がけたセイナッツァロの村役場の議場の暗い内部は、コミュニティーに備わる神秘的で神話的な感覚を再現している。暗闇は、団結の感覚をつくりあげ、そこで話されることばの力を強めるのだ。

感覚の世界において、感覚刺激はより洗練された感覚から旧来の感覚へ、視覚から聴覚・触覚・嗅覚へ、そして光から影へと移っているように思える。人びとをコントロールしようとする文化は、相互作用とは逆の方向性を推し進めがちで、私的な個や一体感から離れて公的で距離のある孤立へと近づいていく。監視社会とは、のぞき趣味のあるサディスティックな眼をもつ社会であるのは間違いない。精神的苦痛を効果的に与える手法のひとつは、絶えず強い照明をあてて精神的な逃げ場やプライバシーの余地をなくすこと、自己の暗い内面性までもむき出しにして侵害することだ。

聴覚と嗅覚の建築

13

13 歴史的な都市や空間では、聴覚の経験が視覚の経験を強め豊かにする。

南フランスのル・トロネのシトー会修道院。当初、1136年にフロリエイエに設立され、1176年に現在の場所へ移転された。

14

14 場所のもたらす豊かで刺激的な経験においては、あらゆる感覚領域が互いに作用し合い、その場所の忘れがたいイメージと一体化する。

匂いの空間：エチオピア、ハラールのスパイスマーケット。
写真：ユハニ・パッラスマー

聴覚の親密さ

視覚は切り離すが、音は包み込む。視覚は指向性をもつが、音は全方向が対象だ。視覚は外部性を意味するが、音は内部性の経験をつくりだす。私たちが何かを見るときは自分からそれを見るが、音は音のほうからこちらに近づいてくる。眼は対象めがけて進むが、耳は受け取る。建物が私たちの眼差しに応答することはないが、耳に対しては音を返してくる。「音の中心化作用（……）は、人間のコスモス［宇宙］感覚に影響を及ぼす」と、ウォルター・オングは書いている。「声の文化にとって、コスモスは、その中心である人間とともに歩むできごとなのである。人間は『世界のへそ umbilicus mundi』である」[102]のだと。現代社会における中心の感覚の精神的な喪失には、聴覚の世界の完全性が失われていることが多少なりとも影響しているというオングの見解には考えさせられる。

聴覚は空間の経験と理解を構築して明確に伝える。空間の経験において聴覚がいかに重要であるかにはなかなか気づかないものだが、視覚的印象が組み込まれた時間的連続体が音によってもたらされることは少なくない。たとえば、映画からサウンドトラックが消されたら、そのシーンは造形感のある表現も、連続性や本物らしい感覚も失ってしまう。だからこそ無声映画では大仰な演技で感情を表現し、音声の埋め合わせをしなければならなかった。

英国の画家で随筆家のエイドリアン・ストークスは、空間と音、音と石の相互作用を知覚的に批評する。「男たちにとっての母のように、建築物はよい聞き手だ。長い音は、ひとつひとつが聞こえるときも、ひとまとまりとして感じられるときも、運河や舗道から次第に後退する立派な建物の空隙を満たす。長く残響をひきずる音が石を完全なものにするのだ[103]」

夜更けの街で、列車や救急車の音で半端に目覚め、夢うつつにその都市構造内に無数の住民が散らばる都市空間を感じたことがあったならば、音の力がどれほど人の想像に影響するかわかるだろう。夜更けの音は、人びとの孤独と逃れられない死の運命を思い出させ、同時にひとまとまりとしてのまどろむ都市の総体に気づかせる。また遺跡の暗闇の中で水のしたたる音に心奪われたことのある人は、模糊とした闇のかたまりを彫り込んで暗い空虚な空間を形成する耳の驚くべき力を証言できるだろう。暗がりの中で耳が探り出す空間は、心の内側にじかに空洞をつくりだす。

スティン・アイラー・ラスムッセンの独創的な著書『経験としての建築』の最後の章には、「建築を聞く」[104]という大胆なタイトルがつけられている。ラスムッセンはその章で、聴覚のさまざまな特性を解説し、オーソン・ウェルズ出演の映画『第三の男』のウィーンの下水道の地下トンネルのシーンにおける聴覚的な知覚を思い起こしてこう述べる。「耳はトンネルの長さと円筒形の両方の衝撃を受けとめるでしょう[105]」

住人のいないがらんとした家が聴覚的に荒涼としているのを思い浮かべることもできるだろう。それに比べて聴覚的に温和さの感じられるのが人が暮らす家であり、そこでは音が日常の品々のもつ数多くの面によって曲げられ和らげられている。どんな建物や空間もそれぞれに、こぢんまりと親密か堂々として大きいか、誘いかけるか拒絶するか、もてなすか敵意を示すかといったように特有の音をもつ。私たちは視覚的な形状を通してだけでなく、反響によっても空間を把握し判断している。ただたいていは、聴覚による知覚は意識されることのない背景的な経験にとどまっている。

視覚が孤独な観察者の感覚である一方で、聴覚はつながりと団結の感覚を生み出す。奥行のある暗い大聖堂のなかで私たちの眼差しは心細く漂うが、オルガンの音が聞こえれば即座にその空間への親近感を経験することができる。私たちはサーカスのスリルを一人で見つめるが、そのスリルが和らいだあとにどっと起こる喝采は、私たちを観衆と一体化させる。また街なかの通りにこだまする教会の鐘の音は、自分がその街の一員であると気づかせてくれる。舗道に響く足音は感情を昂ぶらせる。というのも、周囲の壁から反響してくる音が私たちをじかに相互作用のただ中に置くからだ。音は空間を測り、その大きさを理解させる。そして私たちは空間の境界線を耳で描く。だから港でカモメの鳴き声を聞くと、海の果てしない広さやどこまでも続く水平線の意識が呼び起こされるのだ。

街はそれぞれに、通りのパターンや規模によって、またどんな建築様式や素材が広く用いられているかによって、異なる反響音をもっている。だからルネサンスの街の反響音とバロックの街の反響音は違う。だが、現代の都市では総じてそうした反響音が失われている。広くて開放的な現代の道路空間は音をはね返さないし、建築物の内部では反響音が吸収され、打ち消されている。ショッピングモールやパブリックスペースに流れるプログラミングされた音楽は、私たちのもつ空間の立体感を音響的にとらえられる力を消し去ってしまう。

静寂、時間、孤独

建築のつくりだす聴覚の経験のうち、もっとも重要なものは静寂だ。建築は、建設過程のドラマを静かな実体、空間、光へと変えて表現してみせる。突き詰めれば、建築とは静寂が硬化してできた芸術だ。建設現場の混乱がおさまり、作業員たちの叫び声が消えゆくと、建物は、じっと待つ辛抱強い静寂を陳列する博物館になる。私たちはエジプトの神殿でファラオたちを包み込む静寂に出会い、ゴシックの大聖堂の静寂の中ではグレゴリオ聖歌の消えゆく最後の一音を思い出す。そしてパンテオンの壁にローマ人らの足音が今まさに消えゆくのを感じる。古い家は、かつてのゆったりとした時間と静寂へと私たちを引き戻す。建築の静けさは、よく反応し、よく記憶する静けさだ。また外部のあらゆる騒音が、建築のもたらす力強い経験によって静められる。そうして建築は、私たちに自己の存在そのものへと意識を集中させ、ほかの芸術と同じように根源的な孤独に気づかせるのだ。

二十世紀になって物事のスピードが一気に加速すると、時間は崩壊して「今」だけが対象の平らなスクリーンに変貌し、世界の同時性を映し出すようになった。時間が持続性と原始時代から続く過去のこだまを失うにつれ、人は自らが歴史のなかにいる存在だという感覚を失い、「時間の恐怖」[106]に怯えるようになる。一方で建築は、私たちを「今」から解放し、ゆったりした癒しの時間の流れを経験させる。建物と都市は時間の道具であり博物館だ。私たちが歴史を眺め理解できるように、そして自らの生涯よりも長い時間のサイクルに関与できるようにする。

建築は私たちを死と結びつける。建築物を通して、私たちは中世の通りの活気を想像し、大聖堂へと向かう厳かな葬列を思い描くことができる。建築の時間は、人を引き留める時間だ。偉大な建築物のなかで時間はじっと静止しつづける。カルナック神殿の大列柱室では、硬化して不動かつ恒久的になった時間を見ることができる。あの巨大な柱と柱の間の静かな空隙で、時間と空間はいつまでも固く組み合う。

実体、空間、時間が一体化して根源的な経験、つまり存在の感覚をつくりあげているのだ。

モダニズムの偉大な建築作品は、楽観主義と希望に満ちた理想主義の時間をずっと保ちつづける。何十年も苦難の運命に挑んだ後ですら活力と確信の空気を放ちつづけているのだ。アルヴァ・アアルトの手がけたパイミオのサナトリウムなど、人類の未来に対する信念や、建築の社会的使命の達成に対する思いを胸が痛くなるほど強烈に発している。ル・コルビュジエのサヴォア邸は、合理性と美しさ、倫理と美学が確かに結びつくと思わせてくれる。コンスタンティン・メーリニコフのモスクワの自邸は、社会と文化の急激かつ悲劇的な変化を幾度も経てなお、かつてこの建物をつくりだした決意と理想主義の精神の静かな証人としてたち続けている。

芸術作品の経験とは、作品とそれを見る人との間の私的な対話であり、それ以外の介入を許さない。シリル・コノリーが『*The Unquiet Grave*（不穏な墓）[107]』に書いているように、「芸術とは演出《ミザンセーヌ》の記憶」であり、「芸術は孤独によって孤独のためにつくられる」のだ。注目すべきことに、ルイス・バラガンはこの本を読んでこの二カ

親密で暖かな空間

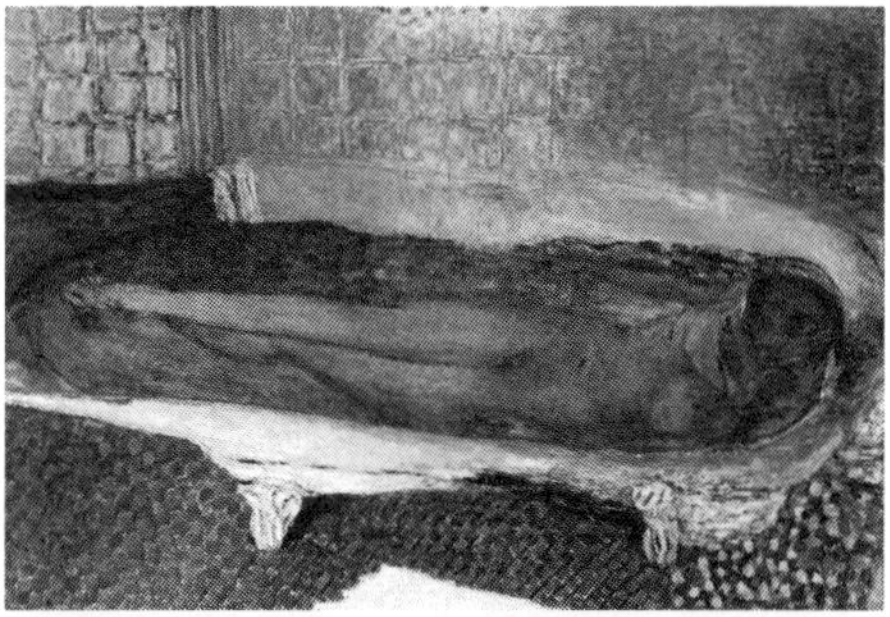

15

16

15 親密さ、住まい、保護を強く経験するとき、もたらされるのは素肌の感覚だ。

ピエール・ボナール、『浴室の裸婦』、1937年、プティ・パレ、パリ。

16 親密で私的なぬくもりの空間をつくる暖炉。

アントニ・ガウディ、カサ・バトリョ、バルセロナ、1904～06年。

所に下線を引いていたという。[108]心を動かす芸術の経験の裏には、常に哀愁の感覚が存在する。美しさのもつ非物質的なはかなさの悲哀だ。芸術は達成不可能な理想、つまりつかの間、「永遠」に触れるという美の理想を映し出す。

匂いの空間

一説によると、私たちの身体は、神経終末に匂いのインパルスを引き起こすだけなら物質の分子数個でこと足りるし、一万種類を超える匂いを嗅ぎ分けることができるという。どんな空間の記憶でも、そのなかでもっとも持続するのが匂いの記憶であることは少なくない。幼い頃訪れた祖父の農場の建物の扉の姿を私は思い出せないが、その扉が重くて開けづらかったこと、何十年も使われるうちに扉の木の表面に刻み込まれた風合いのことはよく覚えている。とりわけ鮮明に思い出されるのは、その扉を開けると目に見えない壁となって顔にぶつかってきたあの家の匂いだ。どんな住まいも、その家ごとに特有の匂いをもつ。

私たちは特定の匂いに導かれ、視覚的な記憶からはすっかり消え失せていた空間にいつの間にかふたたび足を踏み入れる。鼻孔が忘れ去られたイメージを呼び起こし、私たちを鮮やかな白昼夢へと誘い込む。鼻は、眼に思い出させる。「記憶と想像力は分離できない」とバシュラールは書いている。「わたくしだけが別の世紀の追憶のなかで、奥深い戸棚をあけることができるのだ。その戸棚はわたくしだけのために、ざるのなかでひからびた葡萄のあのまたとない匂いをとどめている。葡萄の匂い！　極限の匂い、これをかぎとるには強く想像力をはたらかせなければならない」[109]と。

古い街の細い路地を通り抜け、ある匂いの領域から次の匂いの領域へと移っていくのが、どれほど楽しいか！　菓子店の香りは、子ども時代の純真さや好奇心を思い起こさせる。靴屋の作業場の強い匂いは、馬や鞍、馬具のストラップ、そして乗馬の興奮を想像させる。パン屋の香りは健康や滋養、強い身体のイメージを映し出すし、焼き菓子を扱うペーストリーの香りはブルジョアの幸福を思わせる。また漁港町は海と陸との匂いが渾然となってとりわけ強く印象に残る。海藻の強烈な匂いは私たちに海の深さや重量を感じさせ、何の変哲もない港の姿を失われた大陸アトランティスのイメージへと変貌させる。

旅のとっておきの喜びは、匂いと味の地理学と小宇宙を深く学べることだ。どの街も、ほかにはない味や匂いの波長をもつ。通りに並ぶ販売台は、海藻の匂いを発する海の生き物、豊かな土壌の匂いを運んでくる野菜、太陽と湿った夏の空気の甘い香りを放つ果物と、食欲をそそる匂いの展示場だ。レストランの表に掲げられているメニューを見れば、フルコースのディナーの空想にふけってしまう。眼で読み取った文字が口腔内の感覚へと変わるのだ。

なぜ人の住まなくなった家はどれも同じうつろな匂いがするのだろう。眼で見た空っぽの状況が、特定の匂いを活性化させるからだろうか？　ヘレン・ケラーは「田舎のある旧家を匂いで知ることができた。いくつもの家族や、植物や、香水やカーテンが残した層をなした匂いがあったからだ」[110]という。

ライナー・マリア・リルケは『マルテの手記』のなかで、すでに取り壊された住宅が隣家の壁に残した痕跡から、そこでかつて繰り広げられていた日常をドラマチックに描写している。

午後の乱雑と病気と、人の吐く臭い息と何年間もたまった煙とが、一つに溶けていた。脇の下からじとじとと着物にしみてゆく汗、口からもれるおくび、すえたような、よごれたような匂い。くすぶる馬鈴薯の匂い。油脂の重苦しい濁った匂い。それらの悪臭が遠慮なく入り交じった。誰もかまってやらぬ乳のみ児の、しつこく鼻につく、甘ったるい匂いがあり、学校通いの子どもたちの心配を煮つめたような臭気があり、成年期の男の子のベッドの重くよどんだ悪臭も溶けていた。〔三〕

詩人リルケの描き出す嗅覚的なイメージのもつ感情的で情景を強く連想させる力に比べると、明らかに現代の建築の視覚イメージは想像力に乏しく精彩を欠いている。リルケはことばの内に秘められた匂いと味を解き放っているのだ。偉大な作家は、ことばだけで、都市の全貌を生活のあらゆる彩りまで欠かすことなく構築する力をもつ。とはいえ、すばらしい建築作品もまた、生活のイメージすべてを映し出すものだ。実際、すぐれた建築は空間と形状に秘められた理想的な生活のイメージを解放してみせる。ル・コルビュジエの集合住宅群の空中庭園のスケッチでは、上階のバルコニーで妻がラグをたたき、その下で夫がサンドバッグをたたいているし、シュタイン＝ドゥ・モンツィ邸のキッチンテーブル上には魚と扇風機がのっている。いずれも、現代の建築イメージにはめったに見られない生活感だ。その一方でメーリニコフ邸の写真は、このアイコン的な住宅の形而上学的な形状と、従来と変わらぬ平凡な生活の現実との間にある非常に大きな隔たりを暴き出す。

触覚の形状

「手はすでに一個の複雑な有機体である。はるばると流れてきたおびただしい生が、行為という大河に注ぐために合流する三角州である。手の歴史、といえるものがあるのだ。事実、手はそれ自身の文化を、それ独特の美をもっている。固有の発展や、独自の願望、独自の感情や気分や趣味をもつ権利を、私たちは手に認めている」[112]と、ライナー・マリア・リルケはオーギュスト・ロダンについての論説で述べている。手は、彫刻家の眼だ。同時に、ハイデガーが提唱するように思惟の器官でもある。

陰影と闇の重要性

17

17 顔はベルベットのような黒い画面上に配置され、貴重な品のように暗闇に埋め込まれている。

レンブラント、『自画像』(細部)、1660 年、ルーブル美術館、パリ。

18

18 暗闇と陰影が親密で静かな感覚をつくりだすフィンランドの農家。光は貴重な贈り物へと変わる。

ヘルシンキのセウラサーリ野外博物館にある 19 世紀後期のカレリアの農家。写真：イシュトヴァーン・ラーチ

「手の本質は、決して身体に属する摑む器官として規定されたり、あるいは摑む器官のほうから説明されたりすることはできない。（……）どの手仕事のどの動きも、思惟の固有領域によって担われており、思惟の固有領域のうちで産み担われている」[113]のだ。

皮膚は物質の質感《テクスチャ》、重さ、密度、温度を読み取る。職人の道具によって、さらにそれを絶えず利用する人びとの手でもって、完ぺきなものへと磨き上げられた古いものの表面は、思わず手でなでたくなる気持を引き起こす。自分より先に何千人もが通ってきた扉の、人びとの手で磨かれて光るドアハンドルを押すのは楽しいものだ。時間を超越した摩損の輝きが、歓迎ともてなしのイメージへと変わる。ドアハンドルは、建物の差し出す握手だ。触覚は私たちを時間と伝統に結びつける。触覚を通して、私たちは数多の世代と握手する。波に磨かれて丸みをもった小石を手に取るのもまた心地よい。滑らかな形状をしているからというだけではなく、時間をかけてじっくりと形づくられてきた過程が感じられるからだ。手のひらに載った見事な丸石は、継続する時が物質化したもの、つまり時間が形状へと変わったものだ。

私は、カリフォルニアのラホヤにあるルイス・カーンの設計したソーク研究所の壮大な外部空間に足を踏み入れるとき、コンクリートの壁にまっすぐ歩み寄って、その表層のベルベットのような滑らかさと温度に触れたいという抗いがたい衝動に駆られる。私たちの皮膚は、温度のつくる空間を誤ることなく正確に探り当てる。木の下にできた影の涼しさや爽やかさも、日なたの愛撫するような暖かさも、空間や場の経験になる。子どもの頃のフィンランドの田園風景を思い浮かべると、太陽光に立ち向かうような壁のことが鮮明に思い出される。そうした壁は太陽の放射熱を蓄えて雪を溶かし、夏へ向かっているのを知らせる肥沃な土壌の匂いをまっ先に立ち上らせる。そうしたほかよりも早く春の訪れる小さなスポットは、眼と同様に、皮膚や鼻でも識別することができた。

重力は、足の裏で測られる。私たちは、足裏を通して地面の密度と質感を確かめている。夕暮れ時に海のすぐそばで氷河に削られた滑らかな岩に裸足で立つのも、日光で温められた石の暖かさを足裏で感じるのも、人を恒久的な自然のサイクルの一部に変えるとてつもなく心安らぐ経験だ。人は、地球のゆったりとした息づかいを感じ取る。

「われわれの家のなかにも、われわれが身をひそめていたいとおもう角や片隅があるのではないだろうか。身をひそめることは、すむという動詞の現象学的一面である。身をひそめることのできるものだけが、強烈にすむことができるのだ」[114]とバシュラールは言う。「われわれの夢想のなかでは、家はいつもおおきな揺籃なのである」[115]と。

家の感覚と素肌には、強い同一性がある。わが家の経験の本質にあるのは、親密な暖かさの経験だ。暖炉を囲む暖かな空間は、究極的に親密で安心できる空間だ。マルセル・プルーストはそうした暖炉脇の空間を、皮膚によって感じられるものとして「目に見えぬ一種のアルコーヴか部屋の真ん中に掘られた暖かな洞窟、あるいは熱という境界で守られた、揺れ動く熱い領域」[116]と詩的に描写する。たそがれどきに雪景色のなかで子ども時代を過ごしたわが家の窓の明かりを見て、凍えきった手足を優しく温める暖かな室内を思い出すときほど、帰郷の感覚を強く覚えることはない。わが家と皮膚の喜びとが合わさってひとつの比類のない感覚へと変わる。

石の味

エイドリアン・ストークスは著作のなかで、触覚と口腔感覚の領域へのとりわけ強い感性を示し、「〈滑らかさ〉と〈粗さ〉を建築の特性を大きく二分する用語として当てはめてみると、私は視覚の根底にある口腔・触覚の両概念をよりよく記憶にとどめることができる。眼は飢えているし、間違いなく、かつては全面的に口腔の刺激によっていたところに、触覚と同じく視覚もある程度浸透してきている[117]」と言う。また、「ベローナの大理石の口腔への誘惑[118]」についても記し、ジョン・ラスキンの「触れることで、このベローナの石の触感をすっかり味わい尽くしたいものだ[119]」という手紙を引用する。

触覚と味覚の経験の間にはなんともいいがたい感覚の転換が生じる。視覚も味覚へと転換される。また色や繊細なディテールのなかには、口腔内の感覚を喚起するものがある。私たちは無意識のうちに、細やかに着色され磨かれた石材の表面を舌で感じているのだ。世界に対する感覚的経験は、口腔内の感覚を起源として生じるものであるし、世界は口腔という原点へと立ち戻る傾向がある。建築空間の始原は、口という空洞だ。
何年も前の話だが、グリーン&グリーン（チャールズ・グリーン、ヘンリー・グリーン兄弟）が設計したカリフォルニア州カーメルのD・L・ジェームズ邸を訪れたときには、玄関口の優美に輝く白い大理石にひざまずいて舌で触れなければという抗いがたい衝動が沸き起こった。カルロ・スカルパ特有の建築の感性に訴える素材や高い技巧でつくりこまれたディテールも、ルイス・バラガンの住宅の魅力あふれる色づかいも、口腔内で感じ取る経験を呼び起こす。*Stucco lustro*［スタッコ・ルストロ。ローマ時代から使用されてきたスタッコ仕上げの一種。滑らかで艶があり大理石のような表情をつくることができる］のとてもおいしそうに着色された仕上げ、丁寧に磨き上げられた色、さらに木材の表面もまた、舌の感受性にはたらきかける。

谷崎潤一郎は味覚のもつ空間的性質について、また汁椀の蓋を取るという単純な動作で生じる感覚のかすかな転換について、次のように見事に描写している。

漆器の椀のいゝことは、まずその蓋を取って、口に持っていくまでの間、暗い奥深い底の方に、容器の色と殆ど違わない液体が音もなく澱んでいるのを眺めた瞬間の気持である。人は、その椀の中の闇に何があるかを見分けることは出来ないが、汁がゆるやかに動揺するのを手の上に感じ、椀の縁《ふち》がほんのり汗を搔いているので、そこから湯気が立ち昇りつゝあることを知り、その湯気が運ぶ匂いに依って口に啣《ふく》む前にぼんやり味わいを豫覚する。(……)それは一種の神秘であり、禅味であるとも云えなくはない。[120]

すぐれた建築空間は、この谷崎の汁椀に劣らぬほど豊かな経験でもって自らの空間の世界を広げてみせる。建築の経験は、世界と身体とをもっとも親密な関係に近づけるのだ。

筋肉と骨のイメージ

原始時代の人びとは、何かを建てる際に自らの身体を用いて測ったり比率を構築したりした。生きていくのに欠かせない昔ながらのさまざまな技能は、触覚の記憶に蓄えられた身体の英知の上に成り立っている。古代の猟師、漁師、農民、さらに煉瓦職人や石切り職人にとって不可欠な知識や技能は、それぞれの職に伝わる肉体的伝承の模倣として筋肉感覚と触覚とに蓄えられてきた。技能とは、ことばや理論を通して学ぶものではなく、伝承によって磨かれた一連の動きを取り込んで学ぶものだったのだ。

身体は、学び、記憶する。建築の意義は、身体と感覚に刻み込まれた古代の人びとの反応や対応から生まれてきた。だから建築は、遺伝子が太古の昔より保ち受け継いできた行為の特性に応えるものでなければならない。現代の都市に住まう人びとの機能的、知的指向的、社会的欲求に応えるだけではなく、実は身体の内にいる原始時代の猟師や農民のことも念頭に置く必要があるのだ。私たちの安心、保護、居住の感覚は、無数の世代が原始より引き継いできた経験に根付いている。バシュラールはそうした感覚を、「われわれのうちに原始性をよびさますイメージ」や「第一イメージ」[121]と呼び、身体記憶がいかに強いものかを次のように論じている。

われわれの生家はさまざまな居住の序列をわれわれにきざみつけた。われわれは、この特別な家にさまざまに住む居住を表現する図表であって、ほかの家はみな基本的なテーマのヴァリエーションにすぎない。わすれることのないわれわれの肉体がわすれられぬ家にたいしてもつこの情熱的な関係をのべることばとしては、習慣ということばはあまりにも陳腐なことばである。[122]

現代建築は、独自の良識でもってデザインの視覚的性質への偏向を許容してきた。アイリーン・グレイは、視覚的・構造的なコンセプトを先行してつくるのではなく、日常生活のときどきの場面の観察からアイデアをふくらませるようなデザイン手法を用いつつ、「外面の建築は、内面の建築を代償に、前衛派の建築家たちの興味を引いてきたように思える。あたかも住居とは住まう人の健康と幸福よりも、眼を喜ばせるために考えられるとでもいうように[123]」と述べている。

とはいえ、建築が実存的な仲介役の立場を失うことも、機能性、身体の心地よさ、感覚的な喜びを生むための単なる道具になることもあり得ない。プログラムや機能、快適さに対して、明らかな距離感、抵抗感、緊張感を維持する必要がある。建築は、実用的で合理的なテーマが見え透いたものになってはいけない。私たちの想像力と感情をかき立てる手段として、計り知れない秘密や神秘性をもちつづけることが求められるのだ。

安藤忠雄は、自身の作品における機能性と無用さの間の緊張感あるいは対比の追求についてこのように述べたことがある。「私は機能性上の基本を踏まえた上で、建築を機能から解きはなそうと考えている。言い換えれば、私は建築がどれだけ機能を追求しうるかを見とどけた上で、今度は建築がどれだけ機能から離れることができるかを確かめてみたい。建築の重要さとは、建築と機能との狭間の中に存在するのである[124]」

行為のイメージ

庭の芝生に配置された踏み石は、人の歩みをイメージさせ、刻み込む。扉を開けるときは、身体の重みと扉の重みとがぶつかり合う。階段をのぼるときは、足は各段を測り、手は手すりをなで、全身は空間を斜めに横切って一気に移動する。

建築のイメージには、行為への示唆が本来的に内在する。能動的な遭遇の瞬間、あるいは「機能の約束（promise of function）」[125]と意図の約束とも言えるものだ。アンリ・ベルクソンは「私の身体を取り巻く諸対象は、それらに対する私の身体の可能的行為を反映している」[126]と述べる。その「可能的行為」こそ、建築をほかの芸術分野とは一線を画すものだ。こうした示唆される行為の結果、身体反応は建築的経験の不可分な一面となる。建築的経験として大きな意味をもつのは、一連の網膜イメージだけではない。建築の「構成要素」は、視覚ユニットでも形態《ゲシュタルト》でもない。遭遇であり、記憶と互いに影響を及ぼし合う対峙なのだ。エドワード・ケーシーは、記憶と行為の相互作用について「そうした記憶の中で、過去は行為として身体化される。そして精神あるいは脳のどこかに別々に収められるのではなく、ある行為を実行するための身体の動きそのものに積極的に関与している」[127]と述べている。

家の経験は、視覚的要素だけでできているわけではない。料理、食事、団らん、読書、収納、睡眠、親密な行為といった、ほかでは得られない経験によって構築される。また建物とは遭遇するものだ。つまり接近し、対峙し、身体と結びつけ、通り抜け、ほかの事柄の条件として利用するものである。建築は、言動や動作を開始させ、導き、整理する。建物はそれ自体が目的ではない。建築は構築し、明確化し、体系化し、意義を与え、関連づける。分離する一方で統合し、促す一方で妨げる。それゆえ建築の基本的な経験は、名詞で表現されるものではなく動詞のかたちをとる。したがって、真の建築的経験とは、ファサードの外見的な理解ではなく、建物に歩み寄る、あるいは建物に向き合う行為であり、扉の視覚的なデザインではなく、その扉から入る経験だ。形ある対象物としての窓自体ではなく、窓を通して外を眺めたり内側をのぞき込んだりする経験であり、視覚デザインの対象としての暖炉ではなく、暖かな領域を占領する経験だ。建築空間は物理的な空間というより生活空間であるし、その生活空間はいつも形状を超越した計り知れないものだ。

アルヴァ・アアルトは「ドア・ステップからリビングルームへ」と題した一九二六年の記事［オタヴァ出版社の雑誌『アイッタ』試供版に掲載されたもの］でフラ・アンジェリコの〈受胎告知〉を分析した際に、玄関や扉のデザインではなく、部屋に入る行為に言及することで、建築経験のもつ動詞的な要素に注目している。[128]

近代以降の建築理論や批評は、空間を動的な相互作用や相互関係の観点から解釈するのではなく、物質的な面に囲まれた非物質的なものとして扱う傾向が強い。ただ日本の思想には、空間の概念の関係性で解釈する基盤がある。フレッド・トンプソンは建築経験の動詞的な要素に注目し、〈間《ま》〉の概念と、日本の思想に見られる空間と時間の統合についての論文[129]において、「space」の代わりに「spacing」、「time」の代わりに「timing」という概念を用いている。ひとまとまりの建築的経験を、動名詞を使うことで的確に説明しているのだ。［同論文において、トンプソンは「space」とは視覚化できるものであり、「spacing」は間隔によって感じ取るもの、また「timing」とは適切な瞬間を待つこととも述べている］

身体的同化

建築的経験の信頼性は、建築の構築《テクトニック》的な言語と、諸感覚にとって建築という行為が理解しやすいことを前提にして成り立っている。私たちは自らの身体的存在のすべてでもって世界を眺め、触れ、聞き、測っているし、経験的世界は私たちの身体という中心を取り巻いて構築され統合されている。私たちにとって住まいとは、身体と記憶とアイデンティティの守られる場所だ。私たちは絶えず周囲の環境と対話し関わり合っている。自己のイメージを、自身の空間的・状況的存在と切り離すことなどとても不可能だろう。「私は私の身体である」[130]とガブリエル・マルセルが述べる一方で、ノエル・アルノーは「ぼくはぼくの存在する空間だ」[131]と主張する。

またヘンリー・ムーアは、芸術の創作において身体的同化がいかに不可欠かを鋭く指摘している。

> これこそ彫刻家のなすべきことだ。彫刻家は、形態を完全に空間的存在として思考して用いるように、絶えず努力しつづけなければならない。彫

周縁の視覚と内部性の感覚

19

19 森は私たちを多感覚の抱擁で包み込む。周縁的な刺激の多様さが、私たちを空間のリアリティーにぐっと引き込む。

フィンランドの象徴的な樹木であるシラカバの森林。

20

20 米国の印象派の画家たちのスケールと技法は、周縁的な刺激をもたらし私たちを空間の内へと誘い込む。

ジャクソン・ポロック、『One: Number 31, 1950』（細部）、1950年、ニューヨーク近代美術館。

刻家は、あたかも頭の中にしっかりとした形状があるかのように対象をとらえ、どんな大きさであってもそれが空っぽの手の中にすっかり収まっているかのように考える。そして複雑な形態を心の中で、あらゆる視点から視覚化する。ある方向から見ているときに、ほかの方向からの見え方も知っている。自己をその重心、その塊《マッス》、その重さと同化させる。そしてその大きさと、その形状に置き換えられている空気中の空間を認識する。[132]

どんな芸術作品との出会いにも、身体的な相互作用が暗に含まれる。画家のグレアム・サザランドは、芸術家の作品に対して「ある意味、風景画家は、風景を自分自身――一人の人間としての自分自身――であるかのように見つめなければならない」という見方を示している。セザンヌは、「風景は私のなかで思考されるのであり私は風景の意識なのだ」[134]という。芸術作品はもう一人の人物としての役割を果たし、私たちはその人物と無意識のうちにことばを交わす。芸術作品に向き合っているとき、私たちはさまざまな感情をその作品に投影する。そこで起こっているのはある種不思議なやりとりだ。私たちは作品に感情を託し、作品は私たちに権威とオーラを託す。ついには、私たちは作品のなかで自分自身に出会う。メラニー・クラインの「投影性同一視」という概念は、まさに、人のあらゆる相互作用とは自己の断片をほかの人に投影することだと示唆している。[135]

身体の模倣《ミメーシス》

すぐれた音楽家は楽器ではなく音楽家自身を演奏するし、熟練したサッカー選手は、ただボールを蹴るだけでなく、自身の実体、ほかの選手たち、さらには自分の一部として取り込み内在化したフィールドまでをも操る。リチャード・ラングは、メルロ＝ポンティのサッカー選手の技術への見解に関連して「選手は、どこにゴールがあるのかをただ知るのではなく住みつくように把握する。競技しているフィールドに意識は住まないが、そのフィールドを『知る』身体がそこに住んでいる[136]」と、述べている。

同じように、建築家は設計を進める中で、自身の思い描く建物そのものだけでなく、風景や全体的なコンテクスト、機能上の要件を次第に自身の身体へと内在化していく。意識していなくとも、動きやバランス、スケールは、筋肉の緊張あるいは骨格と内臓の位置といったかたちで身体を通して感じ取られている。作品が観る人の身体と関わるとき、観る人の感覚には作り手の身体的感覚が反映される。その結果、建築は建築家の身体からその作品に出会う人の身体へ、ときには数世紀を経てじかにメッセージを伝える。

建築のスケールの理解とは、無意識に自分の身体でもって対象物や建物を測り、その空間へと自分の身体図式を投影することだ。私たちは空間に共鳴していることに身体で気づくとき、喜びと保護の感覚を覚える。そしてある構造を経験するときには、骨格や筋肉でその構造を無意識に模倣している。聞く人の心を躍らせるメロディは潜在意識化で身体的感覚へと変換され、抽象画の構図は筋肉の緊張として経験され、建物の構造は無意識のうちに骨格によって模倣され理解される。さらに知らず知らずのうちに、私たちは自分の身体でもってその建物の柱やヴォールトの役割を担っている。ルイス・カーンは「煉瓦がアーチになりたいと望む」[137]と述べてい

諸感覚で生を力づける建築

21

21 抑制された形態をもちながら、すべての感覚に同時にはたらきかけ、まれに見る感覚的な豊かさを備える建築。

ペーター・ツムトア、テルメ・ヴァルス、スイス、グラウビュンデン州。1990 ～ 96 年。

22

22 眼と同等に行動の感覚と触覚へもはたらきかけ、家庭的で歓迎する雰囲気をつくる建築。

アルヴァ・アアルト、マイレア邸、ノールマルック。1938 ～ 39 年。玄関、リビングルーム、主階段。写真：ラウノ・トラスケリンるが、そうした形態変化《メタモルフォーシス》が身体のもつ模倣の力によって起こっているのだ。

重力の感覚はあらゆる構造物の本質であり、偉大な建築は私たちに重力と大地を意識させる。建築は世界の垂直方向の経験を強める。そして大地の深さに気づかせると同時に、空中浮揚と飛行を夢みさせる。

記憶と想像の空間

私たちは生まれつき場所を記憶し想像する能力をもっている。知覚、記憶、想像は絶えず相互に作用し合い、実在の範疇に属するものは記憶と幻想のイメージへと溶け込んでいく。私たちは感情や記憶を喚起する広大な世界を構築しつづけ、訪れたことのある都市はすべて、その心の大都市《メトロポリス》の一部となっていく。

もし私たちに記憶したあるいは想像した場所に入る力がなかったなら、文学も映画も人を魅了する魔法を失ってしまうだろう。芸術作品によって私たちが誘い込まれる空間と場所は、経験という面ではまさに現実そのものだ。「ゴルゴタの上空の黄色い裂け目をティントレットは苦悩を意味させるために選んだのでもないし、苦悩を喚起するために選んだのでもない。それは苦悩にして同時に黄色い空である［として存在する］。苦悩の空でもなく、苦しげな空でもない。それはものとなった苦悩である。苦悩は、空の黄色い裂け目と化し……[138]」とサルトルは述べる。ミケランジェロの建築も同じだ。悲しみを表現するシンボルは用いられていない。しかし、その建築は確かに死を悼んでいる。私たちが芸術作品を経験するとき、そこには不思議なやりとりが生じていて、作品はそのオーラを（私たちに）投影し、私たちはその作品に自分の感情と知覚を投影する。ミケランジェロの建築のもつ悲しみは、作品の力に引き出された観る人自身の抱える悲しみだ。不可思議にも、私たちは作品のなかで自分自身に出会うのだ。

　記憶は私たちに遠くの街を再訪させ、小説は書き手がことばの魔術で生み出した街に連れていく。すぐれた作家の描く部屋や広場、通りは、実際に訪れたことのあるどの部屋や広場、通りにも劣らぬ鮮やかな印象をもたらす。イタロ・カルヴィーノの『見えない都市』は世界の都市地理学にずっと刺激を与えつづけてきた。ヒッチコックの『めまい』のモンタージュされた映像は、サンフランシスコの街のさまざまな顔を露わにしていく。私たちは、主人公とともに彼の脳裏を離れない建物にいくつも入り、主人公の眼を通してそこを見る。また私たちはドストエフスキーの魔法で十九世紀中頃のサンクトペテルブルク市民になる。そしてラスコーリニコフが二件のむごたらしい殺人を犯す部屋にいて、またミコールカと酔っ払いの友人らが馬をひどく鞭打って殺してしまうのを怯えながら眺める観衆の一員となって、狂気的で無益な惨劇を止められないことにいらいらする。

映画製作者のつくる街は、ごく短い断片的な映像の連続から構築されているのに、実在の街の活気そのもので私たちを包み込む。すぐれた絵画に描かれた道は、曲がりくねり、額縁を越えて、複雑な人生のすべてを備えた見えない世界へと続いていく。サルトルは「(画家は家を)創造するので、家の記号を創造するのではない。そしてこのように出現した家は、現実の家のあらゆるあいまいさを具えている」[139]と言う。

思い出したときに距離感のある視覚イメージだけが心に残っている街があれば、活気がそのままに思い出される街もある。魅力ある街であれば、その音や匂い、さまざまな光と影までも思い起こされる。私の場合、楽しい想い出が心に刻まれた街であれば、通りの日なたと日陰のどちらを歩くかを選ぶことまでできる。その街で恋に落ちるところが思い描けるかどうかが、街の質を測る真の尺度だ。

多感覚の建築

建築にはさまざまなものがあるが、どんな感覚モダリティを強調する傾向にあるかでそれを分類することができる。眼が支配的な建築がある一方で、筋肉や皮膚にはたらきかける触覚の建築がある。聴覚や嗅覚、味覚を感じさせる建築もある。たとえばル・コルビュジエやリチャード・マイヤーの建築は、正面性の強い遭遇にしても、「建築的プロムナード」という筋肉感覚的な眼の概念にしても、(ル・コルビュジエの後期の作品は物質性と重量感の力強い存在感をもち、そこに触覚的な経験が組み込まれてはいるものの) 明らかに視覚を重視している。その一方で、エーリヒ・メンデルゾーンやハンス・シャロウンが先駆者となった表現主義が志向したのは、眼の遠近法による支配を抑えた結果生まれる筋肉感覚的・触覚的な造形だ。フランク・ロイド・ライトやアルヴァ・アアルトの建築は、具象化した人間性と、人間の無意識にひそむ本能的な反応とを完全に認識したうえに成り立っている。今日の建築では、たとえばグレン・マーカット、スティーヴン・ホール、ペーター・ツムトアの作品で、多様な感覚的経験が強調されている。

アルヴァ・アアルトは建築のなかで意識的に全感覚へとはたらきかけていた。家具をデザインする際の感覚に対する認識について、「それは人間の住居の一部で、日常接する品物として、光線の反射率があまりにも高すぎてはいけない。また音の反響率も高すぎてはいけない。椅子のように人間と直接接触する品物は熱伝導率も良すぎる物質であってはいけない」[140]とも述べている。アアルトが単なる視覚的な美しさよりも、対象との遭遇や使い手の身体に関心をもっていたのは明らかだ。

アアルトの建築は筋肉感覚的・触覚的な存在感を示してみせる。転位、傾斜、不規則さ、ポリリズム［異なるリズムが同時に奏でられること］を取り入れて、身体、筋肉、触覚の経験を覚醒させようとしているのだ。アアルトの建築のもつ、手のために巧みにつくりこまれた表面の感触やディテールは、触覚を誘い親密で暖かい雰囲気をつくりだす。アアルトの建築の基盤にあるのは、現実離れしたデカルト的理想主義による眼の建築ではなく、感覚のリアリズムだ。何かひとつが支配的なコンセプトや形態《ゲシュタルト》の上に成り立っているのではない。それどころか幾多の感覚が集積している。ときに図面上では不格好で未完成に見えることすらあるが、理想化された視覚の構築物としてつくられたものではなく、あくまで生活世界にある「実物」に身体的・空間的に実際に直面したときに真価が分かるよう計画されている。

建築の役割

建築のいつまでも変わることのない役割とは、世界における私たちの存在を実体化し構造化する、具体化され生きられる実存的メタファーをつくりだすことだ。建築は理想的な生活のアイデアとイメージを反映し、具象化し、永続させる。建物と都市によって、私たちは明確な形をもたない現実の流れを理解し記憶することができ、究極的には、私たちが何者なのか認識することができる。また建築によって、不変と変化との矛盾ある関係性に気づいて理解すること、自身をこの世界に根付かせること、また文化と時間の連続のなかに位置づけることもできるようになる。

行動と力、社会と文化の秩序、相互作用と分離、そしてアイデンティティと記憶を表現し構築することで、建築は根源的で実存的な問いに取り組む。思い出し、記憶し、比較する行為はどんな経験にも欠かせない。身体化された記憶は、ある空間や場所を覚えておくための基礎というきわめて重要な役目をもつ。私たちは訪れたことのあるあらゆる都市や街、さらには認識したことのあるあらゆる場所を、身体に刻まれた記憶へと変換する。私たちの住居は、自身のアイデンティティと一体になる。住居は私たちの身体と存在の一部となるのだ。

忘れがたい建築の経験において、空間、材料、時間は、ある特別な要素、つまり存在という基礎となるものに溶け込んで、私たちの意識に浸透する。私たちは、その空間、その場所、その瞬間と同化し、そうした要素は私たちの存在そのものを構成していく。建築とは私たちと世界とを仲裁する術であり、その仲裁は諸感覚を通して行われる。

一九五四年、当時八十五歳だったフランク・ロイド・ライトは、建築の精神的な役目を次のように明言している。

今日、建築で最も必要とされるものは、生活においてもまた最も必要なもの、完全性である。人間にとってそうであるように、完全性は建物にとって最も深奥な質である。（……）もしそうできれば、わが民主的な社会における人間の道徳的な性質――霊魂――に偉大な奉仕をすることになろう。（……）諸君の建物の完全性を支持することは、その建物を建てた人々の生活の中に完全性を表わすばかりでなく、社会的な互恵関係が必然的に生じるものである。[141]

いま、半世紀以上も前にこの文章が書かれたときにも増して、フランク・ロイド・ライトが強く訴える建築の使命は切迫したものになっている。そしてこの訴えが求めているのは、人間性の完全な理解にほかならない。

ユハニ・パッラスマーとその功績について
ドアハンドルとの握手

ピーター・マッキース

A DOOR HANDLE, A HANDSHAKE
An introduction to Juhani Pallasmaa and his work
Peter MacKeith

本書『建築と触覚』は、まるで建物の「握手」を差し出すドアハンドルのように、フィンランドの建築家で教育者、批評家であるユハニ・パッラスマーの手を握る機会を差し出す。彼といくつかの瞬間を分かち合うこともできる、まさしく「手のための」一冊だ。本書の語り口は、著者であるパッラスマーの人柄そのままに、親しみやすく、読む人の好奇心をやさしく後押しする。読めばすぐに著者の語り口のもつ暖かさ、知性、寛大さ、礼儀正しさ、豊かな発想が感じられ、あなたの心を摑むだろう。

ユハニ・パッラスマーがデザイナーとして大きな関心を寄せてきたのが、ドアハンドルのデザインと制作だ。エリエル・サーリネン（一八七三〜一九五〇）、エーリック・グンナール・アスプルンド（一八八五〜一九四〇）、アルネ・ヤコブセン

（一九〇二〜七二）、アルヴァ・アアルト（一八九八〜一九七六）といった北欧の建築文化の先駆者らと同じく、ドアハンドルとはパッラスマーにとって不思議な魔力をもつものであり、探求し、磨きをかけ、巧みにつくりあげるべき何よりも重要なディテールだ。それゆえ、パッラスマーのスケッチブックにはひとつのレバーハンドルのデザイン案がとりつかれたように繰り返し描かれているし、故郷のヘルシンキで取り付けたゆるやかにカーブするブロンズ製の引き手には、それひとつに、建物全体に託されたあらゆる要素、造形原理、熱意が込められている。この『建築と触覚』は、まさに人になぞらえるのにふさわしい一冊だ。本書の明快な構成、あふれんばかりの知性、的確な解説、人間味のある感受性、奥深さから、著者の人となりを見て取ることができるだろう。

パッラスマーのデザインしたドアハンドルと書き上げた本とが同等の関係性にあるのはある意味象徴的だ。というのも、パッラスマーの生き方や仕事は、「考えること」と「つくること」、また「建築について書く行為」と「建築をデザインし建てる行為」の補完し合う関係性を強調するものだからだ。パッラスマーは、自身の教育への道のりや文筆家や批評家としての仕事について「ゆっくりと、意図をもって流されてきた」と語っているが、建築家としての仕事と同時進行する批評家としての視点と執筆のプロセスに対してもきわめて強い決意を抱いている――実務建築家として考えを巡らせるという意志だ。

私は実務にたずさわる建築家、デザイナーとして、同時に芸術分野にたずさわる者として、芸術や建築、私たちの生きるこの世界のことを書く。文章を書くときも、スケッチをしたり図面を描いたりするときも、同じ方法、同じ意識で取り組んでいる。広い視野をもち、先入観やアイデアの事前設定は避ける。図面を描きだす線がなかば自動的に展開して、思考やつながり、具象化された記憶のひだに隠れていたイメージが見えてくるのと同じように、ことばも立ち現れてくる。絵や図も、文章も、発現する意識や形のない複雑な不確実性、あるいは出現した瞬間に志向性や意味の得られる直感的な確信に形をもたらそうとするものだ。このように仕事を進めてきた結果、デザインと執筆は私にとって同じことになった。ただ、それでいて因果関係はなく、よく似ているものの異なる心の産物あるいは観察

1

2

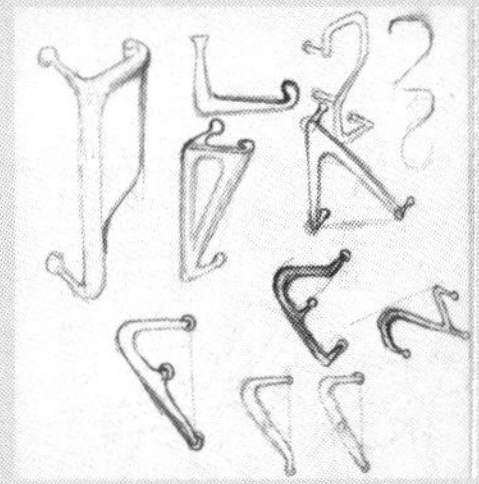

1 ユハニ・パッラスマー。
写真：クヌート・サイバーグ

2 ドアハンドルのスケッチ。
1980年代後期～90年代初期。ユハニ・パッラスマーのスケッチブックの1ページ。鉛筆、フェルトペン。特注スケッチブック225×225mm。

として、別々の現実のなかに存在しているように感じられる。[1]

だからこそ、本書『建築と触覚』は、触知できるような建築的意図をその裏にもっている。本書は一九九六年に初版が、二〇〇五年には第二版が出版され、今回の第三版では紙の書籍だけでなく電子書籍でも発行されている。実際あなたが手にしているのは、数秒前にLEDスクリーンの電子書籍端末へと電子データをダウンロードしたものかもしれない。『建築と触覚』は初版が絶版になったあと、密かにつくられたコピーをさらにコピーして色あせたものが延々と出回りつづけるという皮肉な状況になっていた時期もあった。ただ、どんな現代的な複製技術を用いていたとしても、本書が眼のためだけでなく手のために書かれ、デザインされ、サイズ決めされた本であるのは覆い隠しようのない事実だ。パッラスマーが語っているように、本書は意図的に手書きでもって、一から、苦心して、何度も下書きと推敲を重ねたうえでできあがっている。

私は（……）デザインするときと同じやり方で執筆している。八〜十本の原稿を通しで手書き、あるいは手直しし、それを秘書がタイピングして追加や修正を加えるために戻してくれる。自分が紙に書いたほとんど判読不能な手書き文字を見なければ、そのテキストに深く関わり内在化する感覚を得ることができない。私は作業のしるしや痕跡も大いに重視している。[2]

だからそうした手書きの感覚を意識しながら、どちらかというとページ数の少ない本書を、思考と感覚――そして時間――が物質的で、触知可能で、肉体感覚すらあるもへのと凝縮されたものととらえて読んでみて欲しい。この『建築と触覚』をどれほどすばやく理解できたと感じようとも、そして本書が短くとも（一時間もあれば読み終えるかもしれない）、そこにはあらゆる文学作品と同じように、読者の関心を引きつづけよう、時間や経験の流れの感覚をゆるやかにしようという意図が込められている。ふと気づくと、多くの読み手がそうしてきたように何度も読み返し、初めて最後のページをめくった瞬間を大きく超えて、実質的な読書時間を延ばしていることだろう。

本書の深みと持続性は知的、歴史的、文化的に積み重ねられたものだ。この『皮膚の眼』でパッラスマーの手を握ると、パッラスマーの友人や師にも出会う——しかも多彩な顔ぶれがずらりと並んでいると言っておくべきだろう。そこには、ある種の底知れなさと困惑が待つことも覚悟しておいて欲しい。パッラスマーは「ジョットは半世紀も前に他界しているとしても、彼との会話は継続中だ！」というアルド・ファン・アイクの主張を好んで引用する。パッラスマーの見解はこうだ。

誰かにとってもっとも重要な師が半世紀も前に他界した人物のこともある。それはフィリッポ・ブルネレスキかもしれないし、ピエロ・デラ・フランチェスカかもしれない。私が思うに、真剣な芸術家は誰しも、その意識のへりで先達に語りかけ自分の作品を示して認めてもらおうとする。たとえば、ブルネレスキやフランチェスカに認められたと感じられたなら、その作品にまったく価値がなかろうはずなどない。[3]

『建築と触覚』にも、北欧の建築思想の先達と仲間がいるのは間違いない。これは十分考慮に値することだろう。アアルトとスウェーデンの建築家アスプルンドについて、直接触れられる雄弁なディテールへのこだわりをもっていたことはこれまでも言及されてきたが、パッラスマーがそれと同等に重視しているのは、アアルトがアスプルンドを(一九四〇年のアスプルンドに捧げた追悼文のなかで)、建築の「心理的問題」を明らかにし、強調した近代の建築家と描写していることだ。[4] パッラスマーは、これからの建築には人間的、精神的な面に取り組むことが求められるとしたアアルトの先見性にも着目する。「間違いは、合理化が十分に深くまで達しなかったというところにある。近代建築の新しい段階は、合理的な精神に反対し、

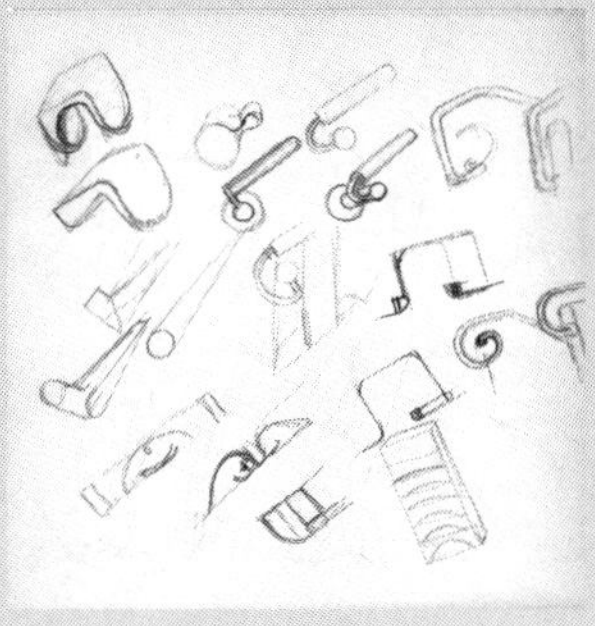

3

3 ドアの引き手のスケッチ。1980年代後期〜90年代初期。ユハニ・パッラスマーのスケッチブックの1ページ。鉛筆、フェルトペン。

戦う代わりに、合理化の手法を技術的領域から人間的・精神的領域に向けようとしている」とアアルトは述べているのだ。[5]またデンマーク王立美術アカデミーの教授だったスティン・アイラー・ラスムッセンの著書で、一九五九年に出版された『経験としての建築』は、建築の感覚面をはっきりと取り上げた先駆的な一冊だ。[6]『建築と触覚』にある建築に対する誠実さからは、パッラスマーにとって直接的な師にあたるフィンランドのアウリス・ブロムシュテット（一九〇六〜七九）、アアルノ・ルースヴオリ（一九二五〜九二）の存在も感じられる。アスプルンドと共同で設計を手がけていたシーグルド・レヴェレンツ（一八八五〜一九七五）がキャリア後期の一九六〇年代に手がけた、スウェーデンのクリッパンの聖ペテロ教会、ビョルクハーゲンの聖マルコ教会といったほかに類のないすばらしい煉瓦造の教会もまた、本書のDNAに魅力をもたらす役割を果たしている。[7]ノルウェーの学者クリスチャン・ノルベルグ＝シュルツは、一九七〇年代から八〇年代にかけての一連の書籍や論文を通し、建築の歴史と可能性を探るなかで、マルティン・ハイデガーの哲学に大きな影響を受けた「場の存在学」という実存論と現象論の問題に重きをおいていた。『建築と触覚』におけるパッラスマーの考え方は、そのノルベルグ＝

シュルツの研究をより鮮烈なものにしている。[8] さらに、北欧の建築家の一人スヴェレ・フェーン（一九二四〜二〇〇九）の詩的な作品、思想、特徴――ペル・オラフ・フィエルドの『*The Thought of Construction*（建てる思考）』に見事に凝縮されている――は、同年代に表に出てきたパッラスマー自身のものに呼応する。[9]

とはいえ、本書を北欧の建築と知性の流れのなかにただ位置づけてしまうと、「地方主義者《リージョナリスト》」の見解、単なる北の果て《アルティマ・トゥーレ》で生まれた表現として、不当に無下に扱うことになる。パッラスマーほど造詣が深く、あちこちを旅し、多くに精通している人物を、そんなに単純に位置づけることなどできない。実は本書は、英国の偉大な建築家であり教育者であるコリン・セント・ジョン・ウィルソン（一九二二〜二〇〇七）とケネス・フランプトン（一九三〇〜）を知る入門書にもなっている。二人ともパッラスマーと深い親交があり、フィンランドと北欧の建築を好み、それぞれに戦後に人間性を追求した知的生産の（とりわけウィルソンは偉大な建築作品をつくりあげた）道を歩んでいる。ウィルソンはかつてケンブリッジで建築学の専攻長を務めた深い知識をもつ人物で、生涯にわたり建築の哲学的・倫理的根拠を断固としてかつ細やかに主張しつづけていた。同時に、近代建築の「もうひとつの流儀」を見いだしてそれに賛同し、アアルト、アスプルンド、レヴェンツ、ハンス・シャロウン（一八九三〜一九七二）、アイリーン・グレイ（一八七八〜一九七六）を、決して機能や形態の独断的な定義に縛られない二十世紀の建築家として支持した。[10] ウィルソンがパッラスマーに美術評論家エイドリアン・ストークスの精神分析学にもとづく著述を紹介した点も重要だ。[11] ウィルソンと同じく深遠な知識をもち、またフランクフルト学派の戦後の政治、経済、社会思想に影響を受けたフランプトンは、二十世紀後期、近代建築史の権威となった人物だ。フランプトンは一九八〇年代初期の一連の論文に始まり、「批判的地域主義《クリティカル・リージョナリズム》」という概念を提唱し、そこでアアルトやヨーン・ウツソン（一九一八〜二〇〇八）、フェーンといった世界中の建築家のそれぞれの地域と文化の特性を露わにした作品を論じた。[12] こうした観点が、一九八〇年代を通してウィルソンとフランプトンとの会話を重ねていたパッラスマーの心を大きく動かし深く影響を及ぼしたことは明白だ。

　そうした知的な展開や情報に絡んでくるのが、負けず劣らぬ強さをもつ北米の建築家たちの声だ。長年クーパー・ユニオンの校長を務めたジョン・ヘイダック（一九二九〜二〇〇〇）は一九八〇年代から――スヴェレ・フェーンをサポートするとともに――パッラスマーと交友関係をもち、建築には詩的な責務があるという理解を共有していた。同様の影響をもたらしたのが若きダニエル・リベスキンド（一九四六〜）で、クランブルック芸術アカデミーの建築スタジオを率いていたときにパッラスマーを同校に招いている。二人は意見や、絵や図面、展示品のやりとりをはじめるとともに、私的にも仕事上でも協力し合うようになった。加えて重要なのが、パッラスマーが、リベスキンドからガストン・バシュラールの『空間の詩学』[13]について教わり、それが自分を大きく変えるきっかけとなったと認めていることだ。

序論でパッラスマー自身が明らかにしているように、『建築と触覚』は、米国の建築家で教育者のスティーヴン・ホール（一九四七〜）、メキシコ生まれでカナダ人の大学教授アルベルト・ペレス＝ゴメス（一九四九〜。現在はカナダのマギル大学、その前にはカールトン大学などでも教えている）、そしてパッラスマーの三人が、一九九〇年代初期に創案・共有したアイデア、観点、アプローチへの共感に端を発している。三人は考え方でも実務の面でも、現象学的アプローチを根拠に建築をとらえようという野望で一致した。その姿勢は、当時の建築文化に支配的だった声——ユークリッド幾何学の失墜や、人間的な主題の軽視、明確な意味づけのしがたさ——と、穏やかだが際立った好対照をなすものだった。

一九九一年、フィンランドで開催されたアルヴァ・アアルトのシンポジウムで初めて出会ったホールとパッラスマーは、すぐさまそうした考えを共有し語り合うようになった。その後二人は、ホールがヘルシンキ現代美術館のコンペを勝ち抜くなかでさらに絆を深めていく。現在その建物は、コンペの際のテーマ「Kiasma」(メルロ＝ポンティの概念をフィンランド語で表記したもの)〔メルロ＝ポンティによるもとの語はChiasm。十頁参照〕の名で知られている。[14] パッラスマーはホールのフィンランドでの業務を共同設計者として支援し、この建物の敷地計画や公共空間のデザインに貢献していた。アルベルト・ペレス＝ゴメスもまた、独創的な著書で、同様のテーマを熱心に調査し、深く探求した。ペレス＝ゴメスがマギル大学の博士課程で取り組んでいた建築史と建築理論の研究に、パッラスマーは定期的に『*Architecture and the Crisis of Modern Science*(建築と近代科学の危機)』をはじめとする に寄稿し参加していた。[15]

現象学的な基礎という点では、二〇世紀のフランスの著名哲学者ガストン・バシュラール（一八八四〜一九六二）とモーリス・メルロ＝ポンティ（一九〇八〜六一）の著書が重要な役割を果たしている。（それらと並ぶのが、ライナー・リルケ〔一八七五〜一九二六〕、ヨシフ・ブロツキー〔一九四〇〜九六〕、ホルヘ・ルイス・ボルヘス〔一八九九〜一九八六〕の、より純粋で詩的としかいいようのないインスピレーションをもたらす作品だ）[16]パッラスマーは、執筆や講演のなかでバシュラールとメルロ＝ポンティの両者に恩を感じていると認め、バシュラールの文章を「人を引きつけるある種の磁石」、メルロ＝ポンティの観点を「心躍るほど自由で楽天的」と言いあらわしている。

こうした重層的な過去からの継承があるにもかかわらず、当初『建築と触覚』は知的で深い探求を感じさせるこのエッセイ一冊だけを出すものとして構想されていたが、実際にはその後さらに『*The Thinking Hand*（思考する手）』、『*The Embodied Image*（身体化されたイメージ）』という二冊の関連書籍が生み出された。[17]きっと一冊目を読んだ途端にほかの書籍に引きつけられるかもしれないが、それでも本書だ

4

5

4 ユハニ・パッラスマー、アルベルト・ペレス＝ゴメス、スティーヴン・ホール。1994年、『知覚の問題』の共作時。ホールの事務所にて。

5 ヘルシンキにあるユハニ・パッラスマー・アーキテクツのライブラリー兼会議室。写真：ラウノ・トラスケリンけをじっくりと読むこともできる。そう、本書だけを……。とはいえ、本書で書名が挙げられ示唆される本をもっと参照できるすばらしいライブラリーへ、さらには名指しされ描写される芸術作品や建物の実際の立地といったより大きな世界へと、足を踏み入れたい気持も湧いてくるだろう。ただ実のところ、本書に選ばれているイメージも巻末の注釈も、それをパッラスマーが引っ張り出してきた膨大な参考資料を集めた個人ライブラリーを部分的に反映しているにすぎない。

そのライブラリーとは、単なるコレクションではなく実在する空間だ。パッラスマーに会うためにヘルシンキの事務所を訪ねる多くの人にとって、議論したり、気晴らしをしたり、知的・視覚的な資料を閲覧したりする中心的な部屋でありもっとも重要な場所となってきた。パッラスマーも多くの建築家の例に漏れず大量の蔵書を抱え、ライブラリーに並ぶ本棚は今や廊下へとはみ出し、さらに事務所内のほかの作業部屋へも広がっている。ライブラリーのメインテーブルには、いつも新しく入手した本が積まれ、その脇に執筆中のエッセイや講義準備の参考資料の山がいくつもできている。このライブラリーの目録づくりはとてつもなく果てしない作業だ。実際、事務所に入ったばかりのスタッフに手始めの仕事として任されることはたびたびあって、分類方法に関する熱い議論を引き起こしてきた。トマス・ジェファーソン（博学でアマチュア建築家でもあった）にとってそうだったように、パッラスマーにとって自身のライブラリーの本棚は、知識体系の再構築を求めるものでもあった。

私は四十歳になるまで、自分のもっている本を、建築の本とそれ以外の本という二つのカテゴリーに分けていた。けれどもその後、一つ目の建築のカテゴリーはほとんどが美化された形式主義としての建築に関するものであり、二つ目は生活や人間の特性と一体化するものとして都市、建物、環境を問いかけるものだと気づいた。そしてここ三十年で、あらゆる本は建築の本だと考えるようになった。というのも、人の関わるどんな状況も、歴史も、物語も、行為も、思考も、すべて人が建て、つくる枠におさめられているからだ。私たちが空間的、物質的、精神的に構築したものが、物事を理解する際に欠くことのできない視野をもたらしてくれる。わたしは、詩を読むとき、音楽を聴くとき、絵画を眺めるとき、映画を観るとき、それらすべてを建築的な命題になり得るものとしてとらえている。[18]

ただ、パッラスマーのライブラリーは、聖ヒエロニムスが一人たたずむ小さな書斎《ライブラリー》のような人気《ひとけ》のない場所ではない。一九九四年――だいたい、この『建築と触覚』が構想され執筆された頃――から、パッラスマーのライブラリーは、「詩人、文化史学者、劇場監督、作曲家、劇作家、画家、写真家が一名ずつ、文芸批評家が二名」[19]という、フィンランドの知的、芸術的、文化的活動に関わる人びとがグループで意見交換をする場となってきた。ここにも、パッラスマーのあらゆるものを包括する姿勢が現れている。知識と観点とが作用し合い、重なり合うのを見たいと強く望んでいるのだ。

というわけで、この『建築と触覚』をパッラスマーのライブラリーと意見交換グループにあなたを暖かく迎え入れる招待状として、またより広い歴史と文化の世界への道筋を指し示して誘い込む、背中を押してくれる手として、受けとめて欲しい。それが本書の狙いでもある。建築の問題を、より広い文化領域のなかに責任をもって（そして即応性をもって）位置づけ根付かせること、そして同時に、読む人をそ

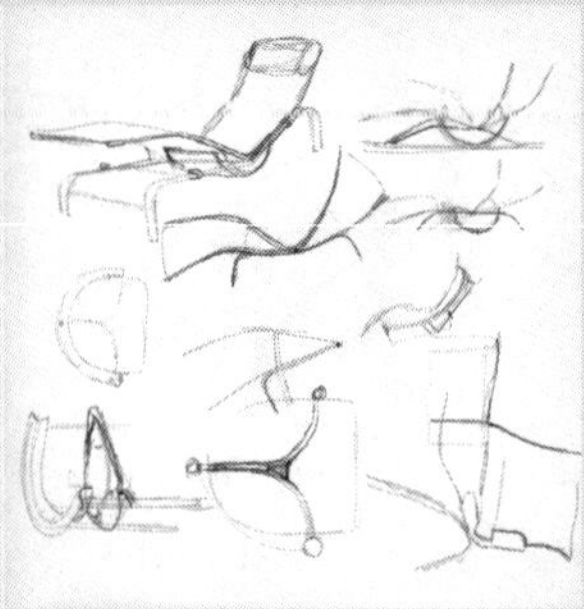

6

6 椅子のスケッチ。1990年代中頃。ユハニ・パッラスマーのスケッチブックの1ページ。鉛筆、フェルトペン。

のより広い領域へと引き込むことを目指しているのだ。

本書はあなたにとって、まるで別の手引きにもなるかもしれない。フランツ・カフカは「本とは、ぼくらの心の内にある凍った海を砕く斧でなければならない」[20]と刺激的なことばを投げかける。この『建築と触覚』でパッラスマーの語るものは、メタファーとしては比較的穏やかな手段かもしれないが、それでもなお変革をもたらす意図、エネルギー、衝撃をもっている。それに劣らぬほど文化的・地理的に心に響く野心が感じられるのは、二十世紀に書かれたフィンランドの壮大な小説

『*Under the North Star*（ここ北極星のもとに）』の書き出し「はじめに、湿地があり、鍬《くわ》があり――そしてユッシ（ユハニの愛称）がいた！」[21]だ。パッラスマーは、ミラン・クンデラ（一九二九～）のことば――書き手は常に想定した読み手に向けて書いているが、同時に書き手自身に向けても書いているのだ――を心に抱き、それゆえいたって楽観的かつまさしく率直な姿勢で執筆に取り組んでいる。[22]そこからわかるのは、パッラスマーは自身のために建築的、哲学的、文化的な重要性の問題を明らかにしようと取り組み、そうすることで――いうならば湿地を拓き耕して――ほかの人びとに利点をもたらしつづけたいというさらなる望みをもっていることだ。

こうした芸術と建築による自己認識の探求と強化が、パッラスマーの執筆、講演、教育、デザインの取り組みの際だったテーマである。そのテーマを、『建築と触覚』では完全に肉体化された「感覚の建築」の主張を通して展開している。けれどもこの自己認識の探求は、自己中心的な自己表現ではない――むしろその正反対だ。より普遍的な喫緊の課題――建築のもつ調和を生むという責務――もまた、きわめて詩的で、個人的で、社会的なこの建築家が責務としているのが浮かび上がってくる。パッラスマーが幾度となく、さまざまな方法で主張してきた課題だが、今なおその使命は変わらない。すなわち、「建築の責務とは、私たちの生きる世界の本質を明らかにし表現すること、そしてこの世界に私たちが住まえるようにすること」[23]なのだ。

隙間

パッラスマーは現在（二〇一二年時点。以下も同じ）七十五歳であり、デザインの実務からは引退し、執筆と講演、教育に精力を注ぐと発表したばかりだ。北欧諸国の建築コミュニティーの人びとの多くにとって、またヨーロッパや北米のフィンランド建築の支持者の多くにとっては、パッラスマーは代表的な人物なのだが、その作品も意見も不可解なほど十分に取り上げられも語られもしてこなかった。一九九六年以降、『建築と触覚』が出版されて認められたことで学術的な活動は明らかに増え、パッラスマーは二十年近く休みなしにフィンランドから遠く離れて講義や教育をして回るスケジュールをこなした。おそらくそれに匹敵するペースの多忙スケジュールとなると、マディ・ウォーターズやB・B・キング、チャック・ベリー（ちなみに、いずれも彼がジャズの巨匠らと並んで敬愛したミュージシャンだ）の伝説的なツアーくらいだろう。しかし、よき友でオーストラリアの建築家のグレン・マーカット（一九三六〜）とともに過去四年プリツカー賞の審査員を務めていたことは、ほとんど知られてないし、ほとんど話題にのぼらない。

けれども、故郷フィンランドで「非凡な人物」とされているからとはいえ、パッラスマーのことを、この三十年にわたってフィンランドの建築文化において非常に多くのものを生み出し、いくつもの責任ある地位を勝ち得てきた人物だ、と語るだけでは説明不足だ。パッラスマーは、うっとりするほど多才で、いくつもの相互補完する役割を担う人生を送ってきた。そこでは、変幻自在の知性という強みと、親密な建築をつくるという強烈な決意とがあいまって発揮されてきたのだ。

パッラスマーの人生の本質を図形で表わすなら、円で描くのがよいだろう。状況を取り巻き、絶えず広がりつづけ、それでいて中心にある故郷と、「わが家《ホーム》」という中心的な概念をいつも顧みている。「視覚芸術全般、特に建築において支配的な

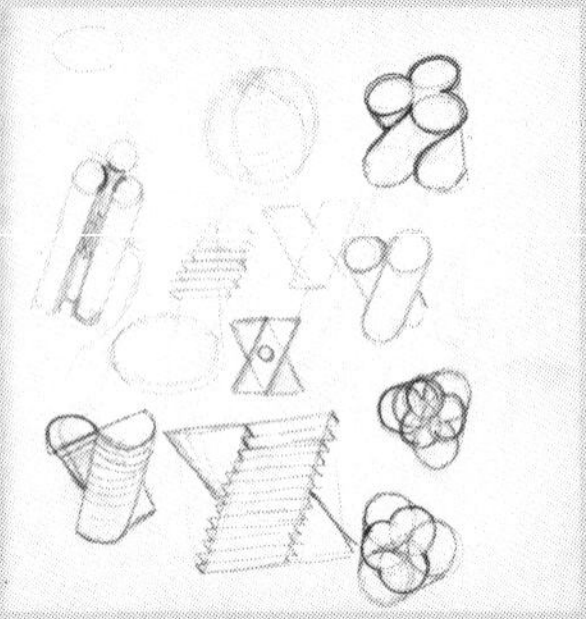
7

7 照明器具のスケッチ。1980年代後期～90年代初期。ユハニ・パッラスマーのスケッチブックの1ページ。鉛筆、フェルトペン。

のは、基本的な形態、つまり円、正方形、三角形、そして基本的な配置と数だ。たとえば円は自己の象徴であり、人と自然の関係性をはじめ精神のあらゆる次元を表現する」[24]原点であり、家と風景から成る住処《すみか》を指す「わが家」は、パッラスマーの作品と思考において心理的な基盤として、また比喩的な描写として用いられている。同時に、パッラスマー自身の育ちと文化に対する深い自覚が、フィンランドの外の世界についての知識を深める方向へ、また芸術と建築をより深く理解する方向へと円弧を広げることにつながってきた。そうしてさまざま状況からできあがっている

（パッラスマーという）円を理解するには、その半生記のなかのいくつかの時点を選びだし、そこに開く「隙間」から覗いて概観をつかむのが一番だろう。

一九三六年、第二次世界大戦前のフィンランドに生まれたパッラスマーは、長い戦争期間中、被害を避けるためにフィンランド中央にある母方の祖父の農場にやられていた。兵役につく父に会えるのはおそらく五、六カ月に一度だけ。パッラスマー少年の生活の中心には祖父と活気あふれる農場があり、そこから彼は単純な物事のもつ価値を知るようになる。

点々と人びとの暮らす村に男の子は私一人だけで、私は日がな一日、家の周りや近くの森で楽しい遊びをあれこれ考え出したり、年はとっているけれど知恵のある祖父の日々の仕事を観察したりして過ごしていた。私は祖父の勤勉さ、さまざまに発揮されるわざ、自信に満ちた姿に憧れていた。祖父にやりこなせない作業などないように思えたものだ……。（あそこの生活では）「これできる？」とたずねられた経験のある人など一人もいなかったろう。農場の生活では、必要なことはすべて身につけていて当たり前とみなされていたからだ。農家の仕事のわざとは、読書から学ぶ理論的な知識ではなく、観察し真似をして筋肉で学び記憶する、肉体的で暗黙のうちに伝わるわざだ……。私は、祖父の家のリビングにあった厚い天板のテーブルの姿をはっきりと思い浮かべることはできないが、自分がそこに掛けているのは想像できるし、そこがその田舎家の中心となって一家と、そこをときどき訪れる人びとのエネルギーが集まっていた様を思い出すこともできる。[25]

この「わが家」という、一家のまとまりの本質的な経験は、パッラスマーの骨の髄まで染みついている。

私は八軒の家に暮らしたことがあるが、経験上のわが家は子ども時代を過ごした一軒だけだ。その経験上のわが家が、引っ越すたびに私とともに移動し、いつも新しい形状へと変容してきたように思える。[26]

私はわが家の感覚を鮮やかに思い出せる。冬の寒い夜、暗いなかスキーで帰ってきたときの感覚だ。暗い冬の風景のなかで家の窓に明かりがともっているのを見るとき、そして凍えきった手足を暖かく迎えてくれるのを感じるときほど、わが家の感覚を強く覚えることはない。[27]

第二次世界大戦でフィンランドに厳しい結果がもたらされたことを受け、パッラスマーの家族はヘルシンキへと戻った。そして本人が述べているように、もう一人の祖父からの影響で明確に芸術の方面へと向かうことになる。

十四歳のとき、油絵の道具と大量の油絵の具を父方の祖父から受け継いだ。戦後の慢性的な貧しさのなかで、これはとても贅沢に感じたし、確実に私の絵画に対する興味を強めることにつながった。それ以前に、小さい頃から描くことにとりつかれてはいたのだけれど。芸術家として生計を立てるのがどれほど難しいかを知らなかったら、画家になっていたのかもしれない……。[28]

パッラスマーは十七歳のときに交換学生として、野心を胸に、単身ヘルシンキを発った。まずフィンランド湾を船でストックホルムへと渡り――そこでテレビというものが店のショーウィンドウに置かれているのを初めて目にした――、しばらくして向かったのが大西洋の向こう、同じように平坦で極寒のミネアポリスの風景、米国での一年間の高校生活だった。そこで米国という国の物質的・精神的矛盾を経験しただけでなく、クロスカントリースキーの州大会で優勝し、ジルバを踊って学校賞を勝ち取っている。この初めての米国行きは、実はこのあと何度も訪れることになる米国訪問の初回にすぎず、パッラスマーはフィンランドを除けばどこの国よりも米国でもっとも長い時間を過ごしてきたと振り返っている。

フィンランドに戻ったパッラスマーは、ヘルシンキ工科大学［現在アアルト大学］の――まだブレヴァルディ大通り西端のヒエタラハティにたつ新古典主義の立

8

9

8 干し草づくりの日に祖父の農場にて。3歳のユハニ・パッラスマーの両脇に両親が立ち、後ろの馬の引くヘイレーキ［乾燥した牧草を集める熊手］のところにいるのが祖父。

9 クリスチャン・グリッヒセンと共同でデザインした工業的なサマーハウス・システム〈Moduli 225〉。1968～72年。フィンランドのキンカモに最初に試験的に建てられたもの。
写真：カイ・リンドホルム

派な建物だった頃の——建築学部に入学を申し込んだ（アアルトの設計したエスポーのオタニエミキャンパスはちょうど建設中だった）。当時はまだ戦後の特別な緊縮財政策がとられていたなか、パッラスマーは学部内の廊下の壁を飾っていたエリエル・サーリネンの透視図の原画に魅了されたものだと振り返っている。

一九五七年、ヘルシンキで建築学部への入学を認められた私は、これまでとはまったく違う新しい世界、芸術的思想と美しさの世界へと足を踏み入れることを許可されたというとてつもない特別意識を感じたものだ。自分の身につける技能を職業や生活の糧だとは思っていなかった。建築を、世界を意味あるものとして経験するための心構えと見ていたのだ。建築学部内の廊下の一つに並ぶエリエル・サーリネンの原画は、見る者すべての魂に火をつける。学ぶことは、欲望を燃やすこととなり、戦後の物資不足を想像力で満たしてくれた。[29]

その後、一九五〇年代後期から六〇年代初期にフィンランドの合理主義《ラショナリズム》の建築家アウリス・ブロムシュテットとアアルノ・ルースヴオリの下で学んだばかりの若き建築家だったパッラスマーと級友らは、アアルトのつくる「オークの木」の形状が優勢を誇る建築文化のなか、また一九六八年にパリで起こった五月革命に象徴される時代のさらに大きなコンテクストのなかで、自身のアイデンティティと建築の専門家という役割を理解しようとしていく。

「合理主義」派の思考とアアルトの「アカデミー」の間には大きな対立があったが、そうした緊張関係はそもそもアアルトの世代に端を発していた。そのうえ一九六〇年代の理想主義的な民主主義ムードのなかにも、アアルトのペルソナや才能が受け入れがたく思えるようなイデオロギーの対立の場が数多くあった……私たちは強い社会的道義心を抱いていただけではない。すべての人のための、普遍的で匿名性が高く、国際的で民主的な建築こそが建築のあるべき姿だと信じていた。だれ一人としてどこかの政党に属していたわけではないが、政治的志向のある理想主義を掲げていた。建築には数々の社会的・政治的課題を解決する力があると、私たちは信じていたのだ。[30]

このように若き建築家パッラスマーは、デザインにとって何よりも重要なのは合理主義的思想だと声高に訴え、情報とテクノロジーの重要性を強調し、国家の行きすぎた官僚主義に反対を唱えた。その当時のパッラスマーは「デザインは、個人の指示や直感によるものから集団的な方法でコントロールされるものへ、敷地ごとのデザインから共通のシステムや構造へ、変化できない最終形のデザインから使い捨てや変化、変動の可能なデザインへと移りつつある」[31]と述べていたものだ。当時のパッラスマーに言わせると、「建築とは空間の神秘的な一側面ではなく、構成、すなわち事実の整理だ。本来〈美〉ということばは〈正しさ〉へと置き換えるべきものだ。そうすると、芸術とは正しく行うわざということになる」[32]。そうしたことばは、その後まったく違う意味を帯びるようになる。一九六九年、三十三歳になったパッラスマーは、一連の大学紛争後に実施された千三百名の学生ら自身による選挙でヘルシンキのインダストリアルアート研究所の所長に任命された。就任してまず行ったのは、ストライキ中のフィンランドの製鉄労働者を支援する学生決起集会でのスピーチだった。

しかし一九七〇年代初期、所長としての任期を終えたパッラスマーは、フィンランドを完全に離れてアフリカへ、具体的には建築の准教授を二年間任されることになったハイエ・セラシエ一世大学［現在のアディスアベバ大学］のあるエチオピアへと渡る。これは、パッラスマー自らが選んだ政治的亡命期間であると同時に、建築家として成熟する変貌の機会をもたらすものだった。パッラスマーは合理主義によるデザイン、テクノロジー、建物の規格化には故国フィンランドを救う力があるという理想主義的な信念を抱いていたが、その思いはすでに、建築行為がフィンランドの独占的建設企業数社に無残に乗っ取られたことで醒めてしまっていた。彼は、プレハブ生産の制御が、住宅にとって危急性の高い必要事項から質や人間的なものを排除してしまう悲劇を招いていると見ていた。そんななかアフリカで、パッラスマーは建築のもつ社会的意義をすぐさま再発見し、さらに、文化や技術が根本的に異なる状況下で建築に取り組む際には小規模のモジュール・システムが役立つことを認識しなおした。

そして、そういった経験によって、パッラスマーの発展途上だった建築哲学の文化的・環境的・心理的原理は根底からくつがえされた。

一九七〇年代初期のエチオピアでの経験で、合理主義に対する、またテクノロジーと普遍的思考のもつ疑いようのない利点に対する私の自信は崩れ去った。そして私は、人類学や構造主義、最終的には精神分析学について書かれたものに興味を抱くようになった。特に大きな影響を受けたのがエーリヒ・フロムやヘルベルト・マルクーゼの著書であり、それが精神的事象全体の本質を理解する助けとなった。また、私の考え方に最大の衝撃を与えたのは、芸術的な創造性と経験の隠れた側面について著したアントン・エーレンツヴァイクの二冊だったろう。[33]

そうした書籍の影響とあわせて、アフリカでの経験がパッラスマーの心の琴線に触れ、芸術と建築において原型や夢、記憶が果たしうる役割に気づかせた。パッラスマーがアフリカで多様性に富む文化を経験し、知的にも感情的にも影響を受けたことは、その後の著作や講演からも明らかである。

一九七〇年代半ばにフィンランドに戻るとすぐ、パッラスマーの思考は空間知覚の心理学的・生物学的基盤と視覚芸術への関心で占められるようになる。フィンランド建築博物館の展示ディレクターとなったパッラスマーには、数々の企画展のデ

10

10 エチオピア、アンボのハンセン病患者150家族のための居住施設のプロトタイプ。1972～74年に、パッラスマーとハイエ・セラシエ一世大学の教え子らが設計・監督したもの。国際赤十字の資金提供を受けて実施されたプロジェクトだった。
写真：ユハニ・パッラスマー

ザインを通してアフリカでの経験の影響を明確に具象化するチャンスがふんだんにあった。さらに、続いて館長を務めた五年間では、文化的な視野の拡大を目指して安藤忠雄（一九四一〜）、アルヴァロ・シザ（一九三三〜）、ダニエル・リベスキンドの作品や、米国の建築図面類を展示し、同館の活動の国際化を進めた。博物館の年報『*Abacus*（アバカス）』も、フィンランド国内外の建築問題を検討するフォーラム誌となった。パッラスマー自身が手がけた掲載文は人類学、言語学、心理学上の問題への認識の高まりを映し出している。たとえば「建築的経験において知らぬ間に呼び起こされる深層構造にある意味とは、幼少時代や空間運動の経験、蓄積された原型といった共感覚［ある刺激によって通常引き起こされる感覚とともにほかの感覚が引き起こされる現象］の心的イメージに結びついた記憶であり連想だ[34]」といったように。

一九八三年に博物館の職を離れたパッラスマーは、そうしたアイデアをまずは自宅アパートメントに、続いて細部にまで徹底的にこだわったマリメッコやロヴァニエミ美術館のデザインにと、次第に増加する独自のデザインプロジェクトで試していった。一九八〇年代のプロジェクトは、博物館で展示をデザインするなかでつくりあげた信条をさまざまなかたちで展開したものだ。ドアハンドルを手始めとして、柔らかなエッジや肉体的な事柄、表面、光を検討することで、ただ視覚的なものよりも触感を強調し、空間を比例にもとづく構成と肉体的感覚の両方で満たすデザインを推し進めた。そしてデザインの仕事が集中する時期も目前に迫った一九八六年までには、アアルトが近代建築における合理主義の深度とその動きのもつ新たな方向性について語った「間違いは、合理化が十分に深くまで達しなかったというところにある。近代建築の新しい段階は、合理的な精神に反対し、戦う代わりに、合理化の手法を技術的領域から人間的・精神的領域に向けようとしている」[35]という有名なことばの引用によって、自らの考え方の転換を明確に打ち出した。当時パッラスマーが講演やエッセイのなかでアアルトの見解を引用していたことは、彼自身の「合理主義的なアプローチ」のさらなる発展を示唆するとともに、新たな決意の宣言でもあった。

その姿勢を裏づけるのが、一九八五年に『*Arkkitehti, the Finnish Architectural Review*（建築家　フィンランド建築レビュー）』（のちに同誌は英語版の『*The Architectural*

Review』として再出版されることになった）[36]に寄せたエッセイ、「The Geometry of Feeling（感情の幾何学）」だ。パッラスマーは当時のことを「まさにそのエッセイを書いている最中に哲学的探求の方法としての現象学に気づき、哲学的アプローチに関する短い章を追加した[37]」と振り返っている。けれど、そんな即興的な思いつきが、時をおかずに深みと広がりを増していった。

一九九〇年代初期、大規模な依頼も事務所のスタッフ数も増えていくなかで、パッラスマーはヘルシンキ工科大学でまずは（建築の基礎コースの）最初の教授に、続いて建築学部長に任命された。大学でのパッラスマーの役割は、彼の指導者であったブロムシュテットやルースヴォオリの流儀を満足させ、その流れを思い起こさせるものだった。だがそれ以上に重要なのは、建築の教育過程における理論的な分野をふたたび活気づける基盤をつくり、同時に建築物の物質的な側面に詩的な考察を付け加えたことだ。パッラスマーは建築教育の考え方を見直すべきだと主張した。理論が現実を生き生きとさせ、デザインの心理的側面を認識することが満足させるべき機能の一環となり、物質、構造、光、空間の構成が蓄積して形而上学的な経験をもたらす、そういった建築が根源的にもつ詩的な性質を訴えたのだ。教育課程と学部そのものに対するそうした野心的な取り組みには、ひたすらに実用的で、建築の特性に関する理論上の主張や仮説に抵抗する因習的なフィンランドの建築の認識を打ち崩す狙いもあった。またパッラスマーは、さまざまな学校を訪れて当時の建築教育の風潮を十分に把握した上で、建築教育のより大きな世界のなかで——しかもフィンランドのアイデンティティを深めることによって——重要な地位を得ようとした。

11

11 墓石と建築的な物体のスケッチ。1990年代中頃。ユハニ・パッラスマーのスケッチブックの1ページ。鉛筆、フェルトペン。

そうした年月を通してずっと、建築の世界のあらゆる場所で表層的な歴史主義から構築された「ポストモダン」建築、あるいはそれに劣らず表層的な建築における「脱構築主義」を中心においた議論がなされるのをよそに、パッラスマーは建築教育の哲学と実践の再活性化のためにとるべきほかの手法を文章や公開討論の場で主張しつづけた。そうした見解や彼のエッセイは、英国の建築誌『*The Architectural Review*』と、長らく同誌の編集者で自身もフィンランドの建築の大いなる支持者であり、もっと本来的な建築の実践を進めるべきだと強く主張するピーター・デイヴィとの力で、初めて国外の読者にも知られるようになった。

建築の存在論の解釈を見直すよう要求している点で、パッラスマーの見解は「過激な」ものだった。その視点は、建築は建築自身がもつ形而上学的で実在論的な基盤から切り離せないというものだ。

私たちの文化は理想の世界と日常とを区別し、芸術の担う両者の仲介役としての役割を無効化している（……）芸術は、日常に取って代わる形而上学的な次元の意識を呼び起こさなければならない（……）。建築の仕事は、日常の現実世界を美化したり「人間らしく」したりするものではなく、私たちの意識の第二の次元、すなわち夢、イメージ、記憶の現実への視界を開くものだ。[38]

そして形而上学的な住宅とでも呼べる、ごく基本的な建築イメージ、要素、ディテールのひとつに向けて、手を加えていった。

住宅は、建築家によって空間的なヒエラルキー、力学、構造、光、色彩といったもののシステムとして構成される。その一方でわが家《ホーム》は、正面(前庭、ファサード、都市の構成)、玄関、窓、炉辺、ストーブ、テーブル、食器棚、浴室、本棚、家具、家族の宝物、記念品……、そういった行動や象徴のいくつかを中心とし、それらを取り巻くように構築される。[39]

こうして思考し、執筆し、教え、実践してきたことを背景に、一九九五〜九六年にかけて、この『建築と触覚』が考え出され、執筆され、刊行された。スティーヴ

12

13

12 ロヴァニエミ美術館とコンサートホールのあるコルンディ・ハウス・オブ・カルチャー内のコンサートホール、ロヴァニエミ、2011年。写真：アルト・リーティ

13 サーミ博物館「SIIDA（シーダ）」、イナリ、フィンランド北部、1998年。写真：ラウノ・トラスケリン

ン・ホールによる本書第三版への短いはしがきでも、パッラスマーの書いた序章でも、本書ができあがるに至った経緯が語られている。ホールが、『知覚の問題』と題された一九九四年『a+u』別冊の執筆への参加をパッラスマーとペレス＝ゴメスに提案し、それは間違いなく三人すべての考え方と関係性を根底から変えた。[40] しかしパッラスマーにとっては、『建築と触覚』で力強く表現されているアイデアや探求、関心事が時間をかけて醸成してきたものだったのは明らかだ。本書はその当時の建築の時事問題に野心的に対照を成そうとするものとして読むことができる一方で、長期にわたる自身の姿勢、認識、洞察を具体化しようとするパッラスマーの挑戦として読むといっそう重要で永続する価値をもっている。

詩学

この四十年間につくられてきたパッラスマーの建築作品は、ヘルシンキ、そしてフィンランド全体に広がり、さらには世界へとつながっている。たとえばフィンランド湾に浮かぶ島々にはパッラスマー自身が所有するものも含めて小さなサマーハウスが点在し、そのどれもが立地にあわせてつくられ材料もディテールも実験的だ。ヘルシンキでは、ルオホラハティ地区の一連の美しい橋や歩道などのデザインからマーケットホールの細かな改修まで、また街なかのフォレストグリーンの電話ボックス（現在は姿を消しつつあるが）やゴミ箱から親しみやすく活気のある商業施設の中庭まで、あるいはスティーヴン・ホールの手がけたキアズマ周辺の街路灯や遊歩道からイタケスクスショッピングセンターの二五十mもあるモール、さらには大型商業施設に公共交通機関、広場などが複合されたカンピセンターまで、さまざまなスケールのパッラスマーの作品を見ることができる。

フィンランド東部に位置する地方中心都市クオピオでは弧を描く裁判所の増築を手がけ、北極線の通るロヴァニエミではかつてバス車庫だった煉瓦のシェルから光の満ちる美術館をつくり、そこに第一段階では巧みに挿入された優美なディテールによって、最新の第二段階では画家のヨルマ・ハウタラとともに配色をデザインした居心地のよいコンサートホールによって（この第二段階がパッラスマーの最後の大きな規模の作品だろう）活気をもたらした。北極線よりもずっと北にあるイナリには、ラップランドのサーミの人びとの民族博物館がたつ。SIIDA（サーミのことばで「故郷」）と名付けられ、建物のデザインは文化的表象、自然光、地理、天候といった複雑な問題に取り組むものだ。

フィンランド国外では、パリのソルボンヌ大学そばのフィンランド文化研究所がエコール通りに優美な彩りを添える。かつて劇場だった建物の内側にボリュームと空間が組み込まれ、滑らかに仕上げられた「宝石箱」だ。北京のフィンランド大使館は、公務を執行する区画、庭園、サウナで、フィンランドのアイデンティティと設置国の建築の伝統への敬意とを織り交ぜてみせる。そしてフィンランドの建築とデザインと長い結びつきがあるミシガン州のクランブルック・アカデミーのキャンパス入口の広場は、柱、敷石、景観、曲面のブロンズのパネル、照明、宇宙への呼びかけをその構成に織り込んでいる。

パッラスマーの作品では、一貫して建築の身体的経験に対する信念から「視覚よりも触覚」が掲げられ、建築の役割には形而上学的な側面があることが示されている。あらゆるスケールで——幾何学、素材、職人の技巧、ディテールの優雅で洗練

14

15

14 フィンランド文化研究所、1991年。エコール通りに面したファサード。
写真：ジェラール・デュフレーヌ

15 広場と天文学用器械、クランブルック・アカデミー、ブルームフィールドヒルズ、ミシガン、1994年。
写真：バルタザール・コラブ

された組み合わせを通しての――デザインの全体性が強調され、それが彼の思想と作品の両方にくまなく満ちあふれている。そうして建築は、空間、光、物質の触覚的な経験と、幾何学と構造による知的な秩序とのバランスの取れた、より完全なデザインプロセスの一部となる。空間と構造は最小限となり、残るのは素材を巧みにつくりこむことだ。ある種の触覚的な特性、えもいわれぬエロティシズムがたくさんの要素上に漂う。デザインされたもの自体が、住み手や訪問者をそうした経験に誘い込む贈り物となる。官能的な曲線をもつドアハンドルや引きだしの引き手に、

16

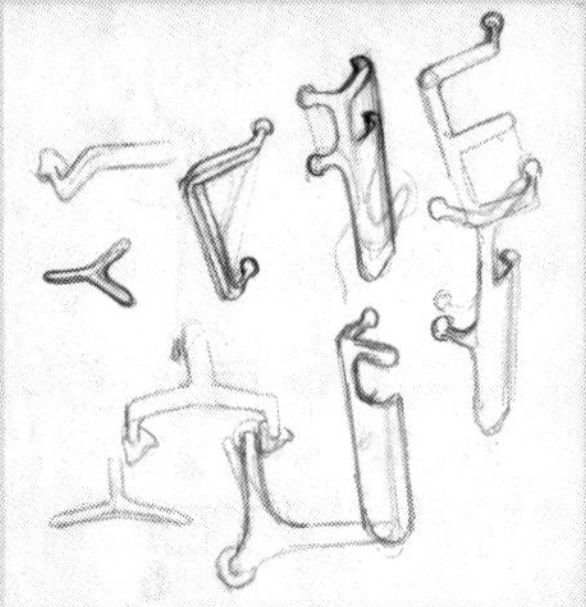

16 ドアハンドルのスケッチ、1980年代後期～90年代初期。ユハニ・パッラスマーのスケッチブックの1ページ。鉛筆、フェルトペン。

手や指で触れることができるのがその一例だ。ステンレス製のコイル、さびた鉄の彫刻、真鍮製のハンドル、層になった合板など、高級感のあるものでも簡素であっても、素材を巧みに使う喜びは確かにある。

パッラスマーのデザインには、『建築と触覚』読者の経験への狙いと同様の、空間の経験をスローダウンさせようという意図が込められている。その意図を実現させているのが、建築的要素の考え抜かれた配置や、表面の注意深い色づかい、巧みに配置された天窓、高窓、開口部から差し込み降り注ぐ自然光だ。さらには素材の並びをよく検討し、平面・断面両方において幾何学配置が整理され、各構成要素とディテールを正確につくりあげようと専心していることもパッラスマーの狙いの成功につながっている。その結果生まれているのは、「コラージュ」だが、そこでは偶然に委ねられるのは個々の感覚的な経験だけであり、空間に入る人の関与と、その人たちの触覚的な記憶によって主観的な関係性やつながりがつくりだされている。そして時間の流れがゆるめられてはじめて、とあるデザインのもとを離れてずいぶん経ったとしても人の意識に触覚的な経験が満ちるようになる。大理石の円盤や列柱、タイルや壁の圧倒するような曲面、細く消えゆくような鉄骨階段、多孔板のドア、壁、天井の連続といった記憶が残るのだ。単純な静けさ、すなわちそこに内在する空間的秩序に人が接して発見することで生まれる穏やかな思考も、素材の感覚的な使用のつくりだす魅力と各要素にみられる技巧の理解によって生気に満ち始める。

パッラスマーは執筆と教育に打ち込むことでデザイナーとしてのキャリアで成功を収めてきたが、すでに述べたとおり現在は講演の回数をどんどん増やしつつあり、その会場は建築を学びはじめた学生から教授、建築のプロでたいていいっぱいになる。そしてそこでも彼の手がける建物や文章と同様に、時間は流れがゆるやかになり触知できる濃密さをもつ。何百枚ものすばらしい画像を用いたプレゼンテーション全般にわたって、パッラスマーは常に私たちの文化における芸術、建築、教育の本質的な責務について深く語りかける。暗いホールのなかで、講演の口調は熱を帯び、速度を落として核心となる重要な点に近づき、たいてい次のように訴える。

教育が果たすべき役割とは、人間のもつ想像し共感する力を育て、支えることだ。しかし、現在広まっている文化的な価値観は、空想を妨げ、感覚を抑え込み、世界と自己との境界線を硬直化させる傾向にある。今日の創造性に関する教育は、この世界の絶対性に疑問を投げかけ、自己の境界線を広げるところから始めなければならない。芸術教育の主眼は、芸術的な制作の規範にあるのではなく、学生たちの人格と彼らのもつ自身と世界のイメージにある。現在では感覚の訓練の概念が芸術教育だけに結びつけられているが、本来、感覚的な感性と思考の向上は、人間が行う活動のほかの多くの分野にとってもかけがえなく価値あるものだ。さらにこう付け加えたい。感覚と想像の教育は、充実し尊厳ある人生にとって欠かせないものなのだ。[41]

パッラスマーのことばは、それが建築学生であるかほかの分野の専門家であるかを問わず、聴衆の心に響き、まずは感謝しもの思いにふける静けさを、続いていくつもの活発な質問を呼び起こす。

一九八五年――『感情の幾何学』の発表された年――以降は多少なりとも、そして『建築と触覚』の初版が出た一九九六年以降は確実に、パッラスマーの作品と思考は建築理論に取り入れる建築の現象学の例として、また建築思考に応用できる哲学の例として、いくつも引用されてきた。ただこうした分類はわかりやすいが、あまりに単純だ。つまり「フィンランドのミニマリスト」や「北欧の地域主義者《リージョナリスト》」と変わらないくらい過剰に単純化されてしまっている。パッラスマーの作品は重層的かつ多様で、より全般にわたる人間主義的な伝統に由来して生み出されている。

本書の序章でも示されているとおりだ。そしてパッラスマー自身は、その学問分野や哲学的方法について公式な教育を受けていないことから、哲学者であるとも現象学者であるとも断言するのを避けている。「私はこの分野ではアマチュアだ」と本人は言う。「(けれども)人間の存在という不可解なものと知識の本質に対する個人的興味から、哲学者の著した本を数え切れないほど読んできた[42]」と。そして、経験にもとづいて人間主義的な立場からはたらく建築家としての自らの姿勢を強調する。

「建築と芸術に対する私のいまの見方は、私の思う現象学的なスタンスのありかたと平行している。私の『現象学』は、建築家、教師、文筆家、数々の芸術家との共同制作者としての経験、それに加えて日常生活での経験から生じる[43]」

パッラスマーは、「画家や詩人は生まれながらの現象学者だ[44]」というオランダの現象学者J・H・ヴァン・デン・ベルクの主張にバシュラールが言及していることと、さらにメルロ＝ポンティの投げかける「いったいどうして、画家や詩人が、世界との彼らの出会い以外のものを語ったりするであろうか？[45]」という同様の問いを好んで引用する。パッラスマーはそれに対して、そして自身の経験にもとづいて、建築家である自身もまた「生まれながらの現象学者だ」と断言し、全建築家にそうした信念をもつよう促している。

私が思うに、建築家というものは（誰かと）まるで同じ（世界との）遭遇を深く探求して表現しなければならない。私は自分が建築家である第一の理由は、何よりもその技能が、誰かの自己と世界との境界線に触れ、互いにどのように混じり合い融け合うかを経験するという、とりわけ本質的で意義深い可能性をもたらすからだ。[46]

そうしたことから、この『建築と触覚』は建築的思考における「穏やかなマニフェスト」のひとつ——ただし、建築の形態における「複雑さ」や「矛盾」の強調はほかのものよりはるかに少ない——として読んでもよいかもしれない。パッラスマーは規範的な建築理論を目指し、信じている訳ではない。そのアプローチは、「エドムント・フッサールの『純粋な見方』という現象学の概念に一致するもので、画家が風景を見るように、詩人が特定の人間の経験に対して詩的なイメージを探し求めるように——建築家が実存的に意味のある空間を想像するように——、無邪気で偏見のない現象と遭遇する」[47]ものだと彼は言う。こうした実存主義への専心がパッラスマーの洞察の中心にはある。「根本的に建築は、そのまさに本質において実存的なものであり、知的で形式的な理論よりも、実存的な経験と知恵から生まれる。私たちが建築の仕事に対して備えておけるのは、建築の現象に対する感性と認識を成長させることだけだ」[48]

『建築と触覚』はこの実存的な責務を具体化し、そうした感性の成長を促す。しかし本書は処方箋こそ出さないものの、診断以上のものを提示している。パッラスマーのアプローチは、意味深くて持続的な建築を検討し、考案し、建てるための、気前《オープンハンド》がよくて自由な、まぎれもない「オープンソース」だ。『建築と触覚』は、十九世紀のゴットフリート・ゼンパーにとってなじみ深く、紀元前一世紀のウィトルウィウスにとってすら当たり前だったかもしれない建築教育を、刷新して活気づけようとしている。「教育」と「建築」ということばの意味そのものに内在する「詩学」をふたたび主張しているのだ。パッラスマーはこの詩的で究極的に楽観的な使命についてこのように力説する。

私たちはもっともすぐれた建築の特性について語るとき、教育者として「詩学」の概念をよく用いる。今日の建築物に広く見られる実用性と俗悪さを前にすると気取りすぎに聞こえるかもしれないが、私は建築の根源的な役割とは、世界と私たち自身、過去と現在と未来、人の集まりと個人、そして物質的なものと精神的なものとの間を取り持つことだと考えている。これは詩的な使命にほかならない。私たちの生きる環境が人間的な意味を失いつつあるなか、芸術と建築のやるべきことは、私たちと世界との関係をもう一度神話のように、官能的に、そしてエロティックにすることだ。

そう、問題は生活の詩的な次元にある。私は、建築の詩的な本質を探ることを、空想的あるいは非現実的な試みなどとはとらえていない。むしろ必然としかいいようのないものだ。簡単に言って、人生から実存の奥深い歴史性や精神性への共感が失われたとき、人間性は失われる。建築は、世界と自身に対する私たちの理解を深めて保ち得るし、謙虚さと誇り、好奇心と楽観主義の土台となり得るのだ。[49]

17

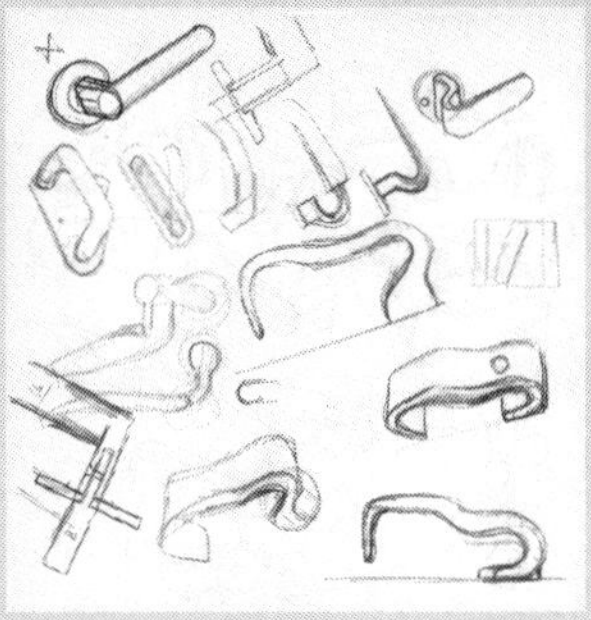

17 ドアハンドルのスケッチ、1980年代後期〜90年代初期。ユハニ・パッラスマーのスケッチブックの1ページ。鉛筆、フェルトペン。

ドアハンドルであり、握手、会話、出会いである。それがこの『建築と触覚』という一冊だ。

人名索引

［た行］

［な行］

［は行］

図版クレジット

第一部

1 著作権切れ
2 写真：GRANGER.COM/ アフロ
3 写真：REX/ アフロ
4 提供：Bridgeman Images/ アフロ
5 Magritte © ADAGP, Paris and DACS, London 2011.
6 Bayer © DACS 2011.
7 Corbusier © FLC/ADAGP, Paris and DACS, London 2011.
8 Photo: Juhani Pallasmaa.
9 写真：Robert Harding/ アフロ
10 写真：VIEW Pictures/ アフロ

第二部

11 写真：Erich Lessing/K&K Archive/ アフロ
12 Photo: Juhani Pallasmaa.
13 写真：imagebroker/ アフロ
14 Photo: Juhani Pallasmaa.
15 提供：Interfoto/ アフロ
16 写真：高橋暁子 / アフロ
17 提供：アフロ
18 Museum of Finnish Architecture (Photo: István Rácz).
19 写真：Arcaid Images/ アフロ
20 提供：akg-images/ アフロ
21 写真：VIEW Pictures/ アフロ
22 Mairea Foundation (Photo: Rauno Träskelin)

ユハニ・パッラスマーとその功績について　ドアハンドルとの握手　　ピーター・マッキース

1 Courtesy of Juhani Pallasmaa, private archive. Photo: Knut Thyberg.
2 スケッチ : Courtesy of Juhani Pallasmaa, private archive.
3 スケッチ : © Juhani Pallasmaa.
4 Courtesy of Juhani Pallasmaa, private archive.
5 Courtesy of Juhani Pallasmaa, private archive. Photo: Rauno Träskelin.
6 スケッチ : © Juhani Pallasmaa.
7 スケッチ : © Juhani Pallasmaa.
8 Courtesy of Juhani Pallasmaa, private archive.
9 Courtesy Juhani Pallasmaa Architects, Helsinki, Photo: Kaj Lindholm.
10 Courtesy of Juhani Pallasmaa, private archive.
11 スケッチ : © Juhani Pallasmaa.
12 Courtesy Juhani Pallasmaa Architects, Helsinki. Photo: Arto Liiti.
13 Courtesy Juhani Pallasmaa Architects, Helsinki. Photo: Rauno Träskelin.
14 Courtesy Juhani Pallasmaa Architects, Helsinki. Photo: Gérard Dufresne.
15 Courtesy Juhani Pallasmaa Architects, Helsinki. Photo: Balthazar Korab.
16 スケッチ : © Juhani Pallasmaa.
17 スケッチ : © Juhani Pallasmaa.

注　釈

前書き

［1］Steven Holl, Juhani Pallasmaa and Alberto Pérez-Gómez, *Questions of Perception: Phenomenology of Architecture*, Special Edition, A+U Publishing (Tokyo), July 1994.『知覚の問題：建築の現象学 Questions of Perception: Phenomenology of Architecture』（『建築と都市』一九九四年七月号別冊）スティーヴン・ホールほか（著）、桜井義夫（翻訳）、エー・アンド・ユー、一九九四年

［2］Steen Eiler Rasmussen, *Experiencing Architecture*, MIT Press (Cambridge, MA), 1959.『経験としての建築』S.E.ラスムッセン（著）、佐々木宏（翻訳）、美術出版社、一九六六年

［3］Maurice Merleau-Ponty, *The Visible and the Invisible*, Northwestern University Press (Evanston, IL), 1968, pp 148–9.『見えるものと見えないもの——付・研究ノート【新装版】』モーリス・メルロ=ポンティ（著）、滝浦静雄（翻訳）、木田元（翻訳）、みすず書房、二〇一七年　p. 二〇六

序論：世界に触れる

［1］James Turrell, ‘Plato’s Cave and Light Within’, in Mikko Heikkinen (ed), *Elephant and Butterfly: Permanence and Change in Architecture*, 9th Alvar Aalto Symposium (Jyväskylä), 2003, p 144.

［2］Ashley Montagu, *Touching: The Human Significance of the Skin*, Harper & Row (New York, NY), 1986, p 3.『タッチング：親と子のふれあい』A.モンタギュー（著）、佐藤信行、佐藤方代（共訳）、平凡社、一九七七年

［3］このヨハン・ヴォルフガング・フォン・ゲーテの考えは上記『タッチング』でも引用されている。*Ibid*, p 308.

［4］Ludwig Wittgenstein, MS 112 46: 14.10.1931, in GH von Wright (ed), *Ludwig Wittgenstein – Culture and Value*, Blackwell (Oxford), 2002, p 24e.『反哲学的断章：文化と価値』ルートヴィヒ・ヴィトゲンシュタイン（著）、丘沢静也（翻訳）、青

土社、一九九九年、p. 六八〜六九
［5］たとえば、Arnold H Modell, *Imagination and the Meaningful Brain*, MIT Press (Cambridge, MA; London), 2003 や Mark Johnson, *The Meaning of the Body: Aesthetics of Human Understanding*, University of Chicago Press (Chicago, IL; London), 2007.
［6］Anton Ehrenzweig, *The Psychoanalysis of Artistic Vision and Hearing: An Introduction to a Theory of Unconscious Perception*, Sheldon Press (London), 1975を参照。『芸術の隠された秩序：芸術創造の心理学』アントン・エーレンツヴァイク（著）、岩井寛、中野久夫、高見堅志郎（翻訳）、東京：同文書院、一九七四年

皮膚の眼　第一部、第二部

［1］Brooke Hodge (ed), *Not Architecture But Evidence That It Exists: Lauretta Vinciarelli – Watercolors*, Harvard University Graduate School of Design (Harvard), 1998, p 130に引用されている。
［2］Friedrich Nietzsche, *Thus Spake Zarathustra*, Viking Press (New York), 1956, p 224.『ツァラトゥストラ（下）』ニーチェ（著）、丘沢静也（翻訳）、光文社、二〇一一年、p. 一七三
［3］Richard Rorty, *Philosophy and the Mirror of Nature*, Princeton University Press (Prinecton, NJ), 1979, p 239.『哲学と自然の鏡』リチャード・ローティ（著）、伊藤春樹ほか（翻訳）、野家啓一（監訳）、産業図書、1993年、p. 二七〇
［4］Jorge Luis Borges, *Selected Poems 1923–1967*, Penguin (London), 1985. Sören Thurell, *The Shadow of A Thought: The Janus Concept in Architecture, School of Architecture*, The Royal Institute of Technology (Stockholm), 1989, p 2　に引用されている。
［5］Richard Kearney, 'Maurice Merleau-Ponty', in Richard Kearney, *Modern Movements in European Philosophy*, Manchester University Press (Manchester; New York, NY), 1994, p 82. に引用されている。（本書では、上記書籍の引用元である『シーニュ　I』［メルロー・ポンティ（著）、竹内芳郎、海老坂武、粟津則雄、木田元（翻訳）、みすず書房、1969年　p. 八五］の訳を引用している）
［6］Heraclitus, Fragment 101a. David Michael Levin (ed), *Modernity and the Hegemony of Vision*, University of California Press (Berkeley and Los Angeles, CA), 1993, p 1に引用されている。

[7] Plato, *Timaeus*, 47b. Martin Jay, *Downcast Eyes: The Denigration of Vision in Twentieth- Century French Thought*, University of California Press (Berkeley and Los Angeles, CA), 1994, p 27［『うつむく眼：二〇世紀フランス思想における視覚の失墜（叢書・ウニベルシタス）』マーティン・ジェイ（著）、亀井 大輔（翻訳）、神田 大輔（翻訳）、青柳 雅文（翻訳）、佐藤 勇一（翻訳）、小林 琢自（翻訳）、田邉 正俊（翻訳）、法政大学出版局、二〇一七年、p. 二六］に引用されている。

[8] Georgia Warnke, 'Ocularcentrism and Social Criticism', in Levin(1993), *op cit*, p 287.

[9] Thomas R Flynn, 'Foucault and the Eclipse of Vision', in Levin(1993), *op cit*, p 274.

[10] Peter Sloterdijk, *Critique of Cynical Reason*, trans Michael Eldred. Jay(1994), *op cit*, p 21に引用されている。

[11] Steven Pack, 'Discovering (Through) the Dark Interstice of Touch', *History and Theory Graduate Studio 1992–1994*, McGill School of Architecture (Montreal), 1994で言及されている。

[12] in Levin (1993) 6, *op cit*, p 2.

[13] *Ibid*, p 3.

[14] David Harvey, *The Condition of Postmodernity*, Blackwell (Cambridge), 1992, p 327.『ポストモダニティの条件』デヴィッド・ハーヴェイ（著）、吉原直樹（監訳）、和泉浩（翻訳）、青木書店、一九九九年、p. 四二三

[15] David Michael Levin, 'Decline and Fall – Ocularcentrism in Heidegger's Reading of the History of Metaphysics', in Levin (1993), *op cit*, p 205.

[16] *Ibid*, p 212.

[17] Dalia Judovitz, 'Vision, Representation, and Technology in Descartes', in Levin(1993), *op cit*, p 71.

[18] Levin (1993), *op cit*, p 4.

[19] Friedrich Nietzsche, *The Will to Power*, Book II, trans Walter Kaufmann, Random House (New York, NY), 1968, note 461, p 253.『権力への意思（上）ニーチェ全集第11巻』ニーチェ（著）、原佑（翻訳）、理想社、一九六二年、p. 三八五

[20] Max Scheler, *Vom Umsturz der Werte: Abhandlungen und Aufsätze*. David Michael Levin, *The Body's Recollection of Being*, Routledge & Kegan Paul (London; Boston, MA; Melbourne; Henley), 1985, p 57に引用されている。（本書では、上記書籍の引用元である『シェーラー著作集4　価値の転倒　上　新装復刊』［マ

ックス・シェーラー（著）、林田新二、新畑耕作（翻訳）、飯島宗享、小倉志祥、吉沢伝三郎（編集）、白水社、二〇〇二年、p. 一七七］の訳を引用している）

［21］ Jay (1994), *op cit.*

［22］ Martin Jay, 'Sartre, Merleau-Ponty, and the Search for A New Ontology of Sight', in Levin (1993), *op cit*, p 149.

［23］ As referenced in Richard Kearney, 'Jean-Paul Sartre', in Kearney, *Modern Movements in European Philosophy*, *op cit*, p 63.

［24］ Jay (1994), *op cit*, p 149.

［25］ Sigfried Giedion, *Space, Time and Architecture: The Growth of a New Tradition*, 5th revised and enlarged edition, Harvard University Press (Cambridge, MA), 1997.『新版　空間・時間・建築』ジークフリート・ギーディオン（著）、太田實（翻訳）、丸善出版、二〇〇九年

［26］ Martin Jay, 'Scopic Regimes of Modernity', in Hal Foster (ed), *Vision and Visuality*, Bay Press (Seattle, WA), 1988, p 10.「近代性における複数の「『視の制度』」マーティン・ジェイ、『視覚論』収録、ハル・フォスター（編）、榑沼範久（翻訳）、平凡社、2007年 p. 三一

［27］ メルロ=ポンティは、『見えるものと見えないもの』の「絡み合い——交叉配列」の章で「肉」の概念について「私の身体が世界（……）と同じ肉でできているということ、そしてさらに私の身体のこの肉が世界によって分かちもたれており……」、「肉（世界の肉であれ、私の肉であれ）は…中略…おのれ自身に還帰し、おのれ自身に適合する組《き》成《め》なのである」［いずれも『見えるものと見えないもの』から引用］と述べる。Claude Lefort (ed), *The Visible and the Invisible*, Northwestern University Press (Evanston, IL), 4th printing, 1992.［『見えるものと見えないもの』］。この概念は、世界と自己の絡み合いに対するメルロ=ポンティの弁証法から生まれたものだ。彼はまた、初期の知覚の現象学における究極の結論として「〈肉〉の存在論」について語っている。この存在論は、意味というものは内と外、主観と客観、精神と物質の両方にあることを示す。Richard Kearney, 'Maurice Merleau-Ponty', in Kearney, *Modern Movements in European Philosophy*, *op cit*, pp 73–90. 参照。

［28］ Hubert L Dreyfus and Patricia Allen Dreyfus, 'Translators' Introduction', in Maurice Merleau-Ponty, *Sense and Non-Sense*, Northwestern University Press (Evanston, IL), 1964, p XII に引用されている。

［29］ Maurice Merleau-Ponty, 'The Film and the New Psychology', in *Ibid*, p 48.「映画と新しい心理学」、『意味と無意味』収録、M.メルロ=ポンティ（著）、滝浦静雄（翻

訳)、みすず書房、1983年、p. 七三
[30] Italo Calvino, *Six Memos for the Next Millennium*, Vintage Books (New York, NY), 1988, p 57.『カルヴィーノ　アメリカ講義——新たな千年紀のための六つのメモ』イタロ・カルヴィーノ（著)、米川良夫、和田忠彦（翻訳)、岩波書店、二〇一一年、p. 三七
[31] Martin Heidegger, 'The Age of the World Picture', in Martin Heidegger, *The Question Concerning Technology and Other Essays*, Harper & Row (New York, NY), 1977, p 134.『世界像の時代』ハイデッガー（著)、桑木務（翻訳)、理想社、1962年、p. 三七
[32] Harvey, *op cit*, pp 261–307.
[33] *Ibid*, p 293.
[34] *Ibid*, p 293. に引用されている。
(本書では、上記書籍の引用元である『日常的実践のポイエティーク』[ミシェル・ド・セルトー（著)、山田登世子（翻訳)、筑摩書房、二〇二一年、p. 三六] から引用している)
[35] Edward T Hall, *The Hidden Dimension*, Doubleday (New York, NY), 1969.『かくれた次元』エドワード・ホール（著)、日高敏隆、佐藤信行（共訳)、みすず書房、一九七〇年
[36] Walter J Ong, *Orality and Literacy: The Technologizing of the World*, Routledge (London; New York, NY), 1991.『声の文化と文字の文化』ウォルター・J. オング（著)、林正寛、糟谷啓介、桜井直文（翻訳)、藤原書店、一九九一年
[37] *Ibid*, p 117. 同上、p. 二四二
[38] *Ibid*, p 121. 同上、p. 二四九
[39] *Ibid*, p 122. 同上、p. 二五一
[40] *Ibid*, p 12. 同上、p. 二八〇
[41] Jay (1994), *op cit*, p 34　『うつむく眼』、p. 三三] に引用されている。
[42] As quoted in *Ibid*, pp 34–5　[同上、p. 三三] に引用されている。
[43] Gaston Bachelard, *The Poetics of Space*, Beacon Press (Boston, MA), 1969, p XII.『空間の詩学』ガストン・バシュラール（著)、岩村行雄（翻訳)、筑摩書房、二〇〇二年、p. 一〇
[44] Leon Battista Alberti. Levin (1993), *op cit*, p 64　に引用されている。
(本書では、上記書籍の引用元である『絵画論』[レオン・バッティスタ・アルベルティ（著)、三輪福松（翻訳)、中央公論美術出版、2011年、p. 二〇] から引用している)

［45］Jay (1994), *op cit*, p 5.［『うつむく眼』、p. 六］に引用されている。
［46］Le Corbusier, *Precisions*, MIT Press (Cambridge, MA), 1991, p 7.『プレシジョン（上）』ル・コルビュジエ（著）、井田安弘、芝優子（翻訳）、鹿島出版会、一九八四年、p. 二〇
［47］Pierre-Alain Crosset, 'Eyes Which See', *Casabella*, 531–532 (1987), p 115.
［48］Le Corbusier (1991), *op cit*, p 231.『プレシジョン』、p. 一六一
［49］*Ibid*, p 227. 同上、p. 一五五
［50］Le Corbusier, *Towards a New Architecture*, Architectural Press (London) and Frederick A Praeger (New York, NY), 1959, p 164.『建築をめざして』ル・コルビュジエ（著）、吉阪隆正（翻訳）、鹿島出版会、一九六七年、p. 一三七
［51］*Ibid*, p 191. 同上、p. 一六二
［52］Walter Gropius, *Architektur*, Fischer (Frankfurt; Hamburg), 1956, pp 15–25.『生活空間の創造』ワルター・グロピウス（著）、蔵田周忠、戸川敬一（翻訳）、彰国社、一九五八年、p. 一九
［53］Susan Sontag, *On Photography*, Penguin (New York, NY), 1986, p 96に引用されている。
（本書では、上記書籍の引用元である『絵画・写真・映画』［L・モホリ＝ナギ（著）、利光功（翻訳）、中央公論美術出版、一九九三年、p. 三二］から引用している）
［54］Le Corbusier (1959), *op cit*, p 31.『建築をめざして』、p. 四三
［55］Alvar Aalto, 'Taide ja tekniikka' [Art and Technology] (1955), in Alvar Aalto and Göran Schildt (eds), *Alvar Aalto: Luonnoksia* [Sketches], Otava (Helsinki), 1972, p 87 (trans Juhani Pallasmaa).『アルヴァ・アアルト　エッセイとスケッチ』アルヴァ・アアルト、ヨーラン・シルツ（著）、吉崎恵子（翻訳）、鹿島出版会、一九八一年、p. 九六
［56］Jay (1994), *op cit*, p 19　［『うつむく眼』、p. 一九］に引用されている。
［57］Harvey, *op cit*, p 58.『ポストモダニティの条件』、p. 八七
［58］Fredric Jameson, as quoted in *Ibid*, p 58　［同上、p. 八八］に引用されている。
［59］Levin (1993), *op cit*, p 203.
［60］Sontag, *op cit*, p 7.『写真論』スーザン・ソンタグ（著）、近藤耕人（翻訳）、晶文社、一九七九年、p. 一四
［61］*Ibid*, p 16. 同上、p. 一六三
［62］*Ibid*, p 24. 同上、p. 三一〜三二
［63］一九八〇年代初期のケイヨ・ペタヤ教授との会話から。情報源は不明。
［64］Hans Sedlmayr, *Art in Crisis: The Lost Centre*, Hollis & Carter (London), 1957.

『中心の喪失：危機に立つ近代芸術』ハンス・ゼードルマイヤー（著）、石川公一、阿部公正（翻訳）、美術出版社、一九六五年

［65］Maurice Merleau-Ponty, 'Cézanne's Doubt', in Merleau-Ponty (1964), *op cit*, p 19.「セザンヌの疑惑」、『意味と無意味』、p. 二五

［66］Martin Jay, 'Scopic Regimes of Modernity', in Hal Foster (ed), *Vision and Visuality*, Bay Press (Seattle, WA), 1988, p 18.「近代性における複数の『視の制度』」、『視覚論』、p. 四三

［67］*Ibid*, p 16. 同上、p. 四二

［68］*Ibid*, p 17. 同上、p. 四〇

［69］David Michael Levin, *The Opening of Vision: Nihilism and the Postmodern Situation*, Routledge (New York, NY; London), 1988, p 440.

［70］*Ibid*.

［71］Ong, *op cit*, p 136.『声の文化と文字の文化』、p. 二七九

［72］Montagu, *op cit*, p XIII.

［73］視神経は八〇万本の神経繊維をもっており、神経の数ではそれに次いで二番手である耳の蝸牛神経と比べても一八倍ほどの神経終末をもっている。そのため視神経は、驚くべき量の情報を脳へ送ることができ、しかも他のどんな感覚器官よりもはるかに高い同化率で送ることができる。ひとつの眼は、一億二千万以上の桿状体によって、約五〇〇段階の明暗の情報を取り入れる。と同時に、七〇〇万以上の錐状体よって、一〇〇万以上の色の組み合わせを区別することができる。（『うつむく眼』から引用。ただし、当該邦訳版では錐状体が「七千万」、色の組み合わせが「一千万」となっているところ、原文は七〇〇万、一〇〇万であり、一般に錐状体は六〇〇〜七〇〇万とされているため、原文どおりとした）Jay (1994),*op cit*, p 6.『うつむく眼』、p. 七

［74］Kearney, *Modern Movements in European Philosophy*, *op cit*, p 74.

［75］Maurice Merleau-Ponty, *Phenomenology of Perception*, Routledge (London), 1992, p 203.『知覚の現象学』モーリス・メルロ＝ポンティ（著）、中島盛夫（翻訳）、法政大学出版局、一九八二年、p. 三三二

［76］*Ibid*, p 225. 同上、p. 三七〇

［77］Kent C Bloomer and Charles W Moore, *Body, Memory, and Architecture*, Yale University Press (New Haven, CT; London), 1977, p 44.『建築デザインの基本―人間のからだと建築』チャールズ・ウィラード・ムーア、ケント・C・ブルーマー（著）、石井和紘、玉井一匡（翻訳）、鹿島出版会、一九八〇年、p. 四八

［78］*Ibid*, p 105. 同上、p. 一一五

［79］ *Ibid*, p 107. 同上、p. 一一六

［80］ Gaston Bachelard, *The Poetics of Reverie*, Beacon Press (Boston, MA), 1971, p 6.『夢想の詩学』ガストン・バシュラール（著）、及川馥（翻訳）、筑摩書房、二〇〇四年、p. 一七

［81］ さまざまな動物に対する実験にもとづいて、科学は一七通りほどの異なったしかたで、有機体が環境に反応できることを注記している。 Jay (1994), *op cit*, p 6.『うつむく眼』、原註　序章 p. 三三

［82］ Bloomer and Moore, *op cit*, p 33.『建築デザインの基本―人間のからだと建築』、p. 三七

［83］ ルドルフ・シュタイナーの感覚の研究にもとづく人類学・精神心理学では、感覚は次の十二種類に区分されている：触覚、生命感覚、運動感覚、平衡感覚、嗅覚、味覚、視覚、熱感覚、聴覚、言語感覚、思考感覚、自我感覚。 Albert Soesman, *Our Twelve Senses: Wellsprings of the Soul*, Hawthorn Press (Stroud, Glos), 1998.『人智学講座　魂の扉・十二感覚』アルバート・ズスマン（著）、石井秀治（翻訳）、耕文舎、1998年

［84］ Beatriz Colomina (ed), *Sexuality and Space*, Princeton Architectural Press (Princeton, NJ), 1992, p 233　で引用されているように、Victor Burgin, ‘Perverse Space’ で言及されている。

［85］ Jay. Levin(1993),*op cit*　に引用されている。（本書では、上記書籍の引用元である『間接的言語と沈黙の声　メルロ=ポンティ・コレクション4』［モーリス・メルロ=ポンティ（著）、朝比奈誼、粟津則雄、木田元、佐々木宗雄（翻訳）、みすず書房、二〇〇二年、p. 二一九］から引用している）

［86］ Stephen Houlgate, ‘Vision, Reflection, and Openness: The “Hegemony of Vision” from a Hegelian Point of View’, in Levin (1993), *op cit*, p 100.
（本書では、上記書籍の引用元である『視覚新論』［G・バークリ（著）、下條信輔、植村恒一郎、一ノ瀬正樹（翻訳）、勁草書房、一九九〇年、p. 一一〇］から引用している）

［87］ Houlgate, *Ibid*, p 100 に引用されている。
（同上、p. 一二三からの引用）

［88］ Houlgate, *Ibid*, p 108 に引用されている。

［89］ Merleau-Ponty (1964), *op cit*, p 15.『意味と無意味』、p. 一九

［90］ Montagu, *op cit*, p 308 に引用されている。
（本書では、上記書籍の引用元である『美学と歴史』［バーナード・ベレンソン（著）、島本融（翻訳）、みすず書房、一九七五年、p. 六一］から引用している）

［91］ Montagu, *Ibid*　で参照されている。（同上、p. 六四）
［92］ Le Corbbusier (1959), *op cit*, p 11.『建築をめざして』、p. 一五五
［93］ Bachelard (1971), *op cit*, p 6.『空間の詩学』、p. 四八
（Bachelard (1971) は『夢想の詩学』だが、引用個所は『空想の詩学』のためこちらから引用）
［94］ Kakuzo Okakura, *The Book of Tea*, Kodansha International (Tokyo; New York, NY), 1989, p 83.『茶の本』岡倉天心（著）、浅野晃（翻訳）、講談社インターナショナル、一九九八年、p. 一二〇
［95］ Edward S Casey, *Remembering: A Phenomenological Study*, Indiana University Press (Bloomington and Indianapolis, IN), 2000, p 172.
［96］ Judovitz, Levin (1993), *op cit*, p 80 において引用されている。
（本書では、上記書籍の引用元である『眼と精神』［モーリス・メルロ＝ポンティ（著）、滝浦静雄、木田元（翻訳）、みすず書房、一九六六年、p. 二七二］から引用している）
［97］ Maurice Merleau-Ponty, *The Primacy of Perception*, ed James M Edie, Northwestern University Press (Evanston, IL), 2000, p 162.『眼と精神』、p. 二五七
［98］ Le Corbusier (1959), *op cit*, p 7.『建築をめざして』、p. 二五
［99］ Merleau-Ponty (1964), *op cit*, p 19.『意味と無意味』、p. 二五
［100］ Jun'ichir-o Tanizaki, *In Praise of Shadows*, Leete's Island Books (New Haven, CT), 1977, p 16.『陰翳礼賛』谷崎潤一郎（著）、中央公論新社、一九七五年、p . 二八
［101］ Alejandro Ramírez Ugarte, 'Interview with Luis Barragán' (1962), in Enrique X de Anda Alanis, *Luis Barragán: Clásico del Silencio*, Collección Somosur (Bogota), 1989, p 242.
［102］ Ong, *op cit*, p 73.『声の文化と文字の文化』、p. 一五五〜一五六
［103］ Adrian Stokes, 'Smooth and Rough', in *The Critical Writings of Adrian Stokes*, Volume II, Thames & Hudson (London), 1978, p 245.
［104］ Steen Eiler Rasmussen, *Experiencing Architecture*, MIT Press (Cambridge, MA), 1993.『経験としての建築』
［105］ *Ibid*, p 225. 同上、p. 二二三
［106］ Karsten Harries, 'Building and the Terror of Time', *Perspecta: The Yale Architectural Journal* (New Haven, CT), 19 (1982), pp 59–69.
［107］ Cyril Connolly, *The Unquiet Grave: A Word Cycle by Palinurus*, Curwen Press for

Horizon (London), 1944.
[108] Emilio Ambasz, *The Architecture of Luis Barragán*, The Museum of Modern Art (New York, NY), 1976, p 108 に引用されている。
[109] Bachelard (1969), *op cit*, p 13.『空間の詩学』、p. 四七、五九
[110] Diane Ackerman, *A Natural History of the Senses*, Vintage Books (New York, NY), 1991, p 45.『感覚の博物誌』ダイアン・アッカーマン（著）、岩崎徹、原田大介（翻訳）、河出書房新社、1996年、p . 六六
[111] Rainer Maria Rilke, *The Notebooks of Malte Laurids Brigge*, trans MD Herter Norton, WW Norton & Co (New York, NY;London), 1992, pp 47–8.『マルテの手記』リルケ（著）、大山定一（翻訳）、新潮社、1953年、p. 五一
[112] Rainer Maria Rilke, *Auguste Rodin*, trans Daniel Slager, Archipelago Books (New York, NY), 2004, p 45.「オーギュスト・ロダン」、『リルケ全集　第八巻　評論』リルケ（著）、塚越敏（監修）、田代崇人、小林栄三郎（翻訳）、河出書房新社、一九九一年、p. 一六八
[113] Martin Heidegger, 'What Calls for Thinking', in *Martin Heidegger, Basic Writings*, Harper & Row (New York, NY), 1977, p 357.「思惟とは何の謂いか」、『ハイデッガー全集 第8巻』ハイデッガー（著）、四日谷敬子、ハルムート・ブフナー（翻訳）、創文社、二〇〇六年、p . 二五
[114] Bachelard (1971), *op cit*, p XXXIV.『空間の詩学』、p. 四〇（Bachelard (1971) は『夢想の詩学』だが、引用個所は『空想の詩学』のためこちらから引用）
[115] *Ibid*, p 7. 同上、p. 四九
[116] Marcel Proust, *Kadonnutta aikaa etsimässä, Combray* [Remembrance of Things Past, Combray], Otava (Helsinki), 1968, p 10.『失われた時を求めて1〜第一篇「スワン家のほうへI」』プルースト（著）、高遠弘美（翻訳）、光文社、二〇一〇年、p . 三三
[117] Stokes, *op cit*, p 243.
[118] 情報源不明。
[119] Stokes, *op cit*, p 316.
[120] Tanizaki, *op cit*, p 15.『陰翳礼賛』、p. 二七
[121] Bachelard (1971), *op cit*, p 91.『空間の詩学』、p. 一七三（Bachelard (1971) は『夢想の詩学』だが、引用個所は『空想の詩学』のためこちらから引用）
[122] *Ibid*, p 15. 同上、p. 六一
[123] 'From Eclecticism to Doubt', dialogue between Eileen Gray and Jean Badovici, *L´Architecture Vivante, 1923–33*, Autumn-Winter 1929. Colin St John Wilson,

The Other Tradition of Modern Architecture, Academy Editions (London), 1995, p 112　に引用されている。

［124］Tadao Ando, 'The Emotionally Made Architectural Spaces of Tadao Ando'. Kenneth Frampton, 'The Work of Tadao Ando', in Yukio Futagawa (ed), *Tadao Ando*, ADA Edita (Tokyo), 1987, p 11.［「安藤忠雄の建築」、ケネス・フランプトン（著）、隈研吾（翻訳）、『GA アーキテクト8　安藤忠雄』（二川幸夫編）収録、エーディーエー・エディタ・トーキョー、一九八七年］に引用されている。

［125］一九世紀半ば、米国人彫刻家ホレイショ・グリーノウはこの考えをもとに「形態と機能」の相互依存の関係について初めて明確に言及し、それが後に機能主義というイデオロギーの土台となった。 Horatio Greenough,*Form and Function: Remarks on Art, Design, and Architecture*, Harold A Small (ed), University of California Press (Berkeley and Los Angeles, CA),1966.

［126］Henri Bergson, *Matter and Memory*, Zone Books (New York, NY), 1991, p 21.『物質と記憶』アンリ・ベルクソン（著）、杉山直樹（翻訳）、講談社、二〇一九年、p. 二六

［127］Casey, *op cit*, p 149.

［128］Alvar Aalto, 'From the Doorstep to the Common Room' (1926), in Göran Schildt, *Alvar Aalto: The Early Years*, Rizzoli International Publications (New York, NY), 1984, pp 214–18.『白い机：若いとき——アルヴァ・アアルトの青年時代と芸術思想』ヨーラン・シルツ（著）、田中雅美、田中智子（翻訳）、鹿島出版会、一九八九年、p. 二一四

［129］Fred and Barbro Thompson, 'Unity of Time and Space', *Arkkitehti, The Finnish Architectural Review*, 1981, issue 2, pp 68–70.

［130］'Translators' Introduction' by Hubert L Dreyfus and Patricia Allen Dreyfus in Merleau-Ponty (1964), *op cit*, p XII　に引用されている。（本書では、上記書籍の引用元である「存在と所有」［『中公バックス　世界の名著75　ヤスパース　マルセル』収録、マルセル（著）、山本信（翻訳）、中央公論社、一九八〇年、p . 三八六］から引用している）

［131］Bachelard (1969), *op cit*, p 137.［『空間の詩学』、p. 二四二］に引用されている。

［132］Henry Moore, 'The Sculptor Speaks', in Philip James (ed), *Henry Moore on Sculpture*, MacDonald (London), 1966, p 62.

［133］*Ibid*, p 79.

［134］Merleau-Ponty (1964), *op cit*, p 17.『意味と無意味』、p . 二二

［135］たとえば Hanna Segal, *Melanie Klein*, The Viking Press (New York, NY), 1979

などを参照のこと。

[136] Richard Lang, 'The Dwelling Door: Towards a Phenomenology of Transition', in David Seamon and Robert Mugerauer, *Dwelling, Place and Environment*, Columbia University Press (New York, NY), 1982, p 202.

[137] Louis I Kahn, 'I Love Beginnings', in Alessandra Latour (ed), *Louis I Kahn: Writings, Lectures, Interviews*, Rizzoli International Publications (New York, NY), 1991, p 288.『ルイス・カーン建築論集』ルイス・カーン（著）、前田忠直（翻訳）、鹿島出版会、二〇〇八年]。（ちなみに『ルイス・カーン建築論集』では、「You say to a brick, 'What do you want, brick? ' And brick says to you, 'I like an arch.'」であり、この部分は参照となる）

[138] Jean-Paul Sartre, *What Is Literature?*, Peter Smith (Gloucester),1978, p 3.『文学とは何か』J-P・サルトル（著）、加藤周一、白井健三郎、海老坂武（翻訳）、人文書院、一九九八年、p. 一七

[139] *Ibid*, p 4. 同上、p. 一八

[140] Alvar Aalto, 'Rationalism and Man' (1935), in Alvar Aalto and Göran Schildt (eds), *Alvar Aalto: Sketches*, trans Stuart Wrede, MIT Press (Cambridge, MA; London), 1978, p 48.「合理主義と人間」、『アルヴァ・アアルト　エッセイとスケッチ』、p. 三六

[141] Frank Lloyd Wright, 'Integrity', in *The Natural House*, 1954. Published in *Frank Lloyd Wright: Writings and Buildings*, selected by Edgar Kaufmann and Ben Raeburn, Horizon Press (New York, NY), 1960, pp 292–3.「完全性」、『フランク・ロイド・ライト／建築の理念』エドガー・カウフマン & ベン・レーバン（編集）、谷川正己、谷川睦子（翻訳）、エーディーエー・エディタ・トーキョー、一九七六年、p. 二八五

ドアハンドルとの握手　ユハニ・パッラスマーとその功績について

本稿の一部はピーター・マッキースの論説からの抜粋である。
Peter MacKeith, 'A Full and Dignified Life', *Archipelago: Essays on Architecture*, Rakennustieto (Helsinki), 2006, pp 214–34.

[1] Juhani Pallasmaa, as quoted in 'An Architectural Confession' (2010 unpublished manuscript provided to the author).

［2］*Ibid.*
［3］*Ibid.*
［4］Alvar Aalto, 'EG Asplund In Memoriam' (*Arkkitehti*, 1940), in Göran Schildt (ed), *Alvar Aalto in his Own Words*, Rizzoli (New York, NY), 1997, pp 242–3.「E・G・アルプルンドの想い出」、『アルヴァ・アアルト　エッセイとスケッチ』収録、p．四九
［5］Alvar Aalto, 'The Humanizing of Architecture' (1940), in Alvar Aalto and Göran Schildt (eds), *Alvar Aalto: Sketches*, trans Stuart Wrede, MIT Press (Cambridge, MA), 1985, p 77.「建築を人間的なものにする」、『アルヴァ・アアルト　エッセイとスケッチ』収録（著）、p．五一
［6］Steen Eiler Rasmussen, *Experiencing Architecture*, MIT Press (Cambridge, MA), 1959.『経験としての建築』
［7］シーグルド・レヴェレンツについては、Janne Ahlin, *Sigurd Lewerentz, Architect*, MIT Press (Cambridge, MA), 1989; Adam Ed Caruso, *Sigurd Lewerentz: Two Churches*, Gingko Press (Hamburg), 1999; Nicola Flora, Paolo Giardiello and Gennaro Postiglione (eds), *Sigurd Lewerentz*, Phaidon (London), 2006　が参考になる。
［8］クリスチャン・ノルベルグ＝シュルツの代表的な著書には *Intentions in Architecture*, MIT Press (Cambridge, MA), 1968; *Existence, Space and Architecture*, Praeger Publishers (New York, NY), 1974［『実存・空間・建築』加藤邦男（翻訳）、鹿島出版会、一九七三年］;*Genius Loci: Towards a Phenomenology of Architecture*, Rizzoli (New York, NY), 1984［『ゲニウス・ロキ：建築の現象学をめざして』、加藤邦男、田崎祐生（翻訳）、住まいの図書出版局、一九九四年］などがある。
［9］スヴェレ・フェーンについては、Per Olaf Fjeld, *Sverre Fehn: The Thought of Construction*, Rizzoli (New York), 1983; Per Olaf Fjeld, *Sverre Fehn: The Pattern of Thoughts*, Monacelli (New York, NY), 2009　が参考になる。
［10］コリン・セント・ジョン・ウィルソンについては、Colin St John Wilson, *Architectural Reflections: Studies in the Philosophy and Practice of Architecture*, Butterworth-Heinemann (London), 1992; Colin St John Wilson, *The Other Tradition of Modern Architecture: The Uncompleted Project*, Academy Editions (London), 1995; Roger Stonehouse and Eric Parry, *Colin St John Wilson: Buildings and Projects*, Black Dog Publishing (London), *c* 2007が参考になる。
［11］エイドリアン・ストークスの主な著書には、*The Quattro Cento: and, Stones of Rimini*, Pennsylvania State University Press (University Park, PA), 2002 (originally

published 1932 and 1934 respectively); *Smooth and Rough*, Faber & Faber (London), 1951; The Image in Form, Penguin (London), 1972　などがある。

［12］ケネス・フランプトンの主な著書には 'Towards a Critical Regionalism: Six Points for an Architecture of Resistance', in Hal Foster (ed), *The Anti-Aesthetic: Essays on Postmodern Culture*, Bay Press (Port Townsend, WA), 1983, pp 16–30［「批判的地域主義に向けて——抵抗の建築に関する六つの考察」、『反美学』収録、ハル・フォスター（編）、室井尚、吉岡洋（翻訳）、勁草書房、一九八七年］; *Studies in Tectonic Culture: The Poetics of Construction in Nineteenth and Twentieth Century Architecture*, MIT Press (Cambridge, MA), 2001［『テクトニック・カルチャー—— 19-20世紀建築の構法の詩学』ケネス・フランプトン（著）、松畑強、山本想太郎（翻訳）、TOTO 出版社、二〇〇二年］; *Labour, Work and Architecture*, Phaidon Press (London), 2002; *Modern Architecture: A Critical History (World of Art)*, Thames & Hudson (London), 4th edition, 2007［『現代建築史』ケネス・フランプトン（著）、中村敏男（翻訳）、青土社、二〇〇三年］　などがある。

［13］Gaston Bachelard, *The Poetics of Space*, Beacon Press (Boston, MA), 1969.『空間の詩学』

［14］スティーヴン・ホールと、ヘルシンキ近代美術館「キアズマ」の設計については、*KIASMA, Museum of Contemporary Art, Helsinki*, Gingko Press (Berkeley, CA), 1999; Annette LeCuyer, 'Iconic Kiasma', *The Architectural Review*, August 1998, pp 46–53; Peter MacKeith, 'The Helsinki Museum Competition', *Competitions 4*, no 2 (Summer 1994), pp 44–51　が参考になる。

［15］Alberto Pérez-Gómez, *Architecture and the Crisis of Modern Science*, MIT Press (Cambridge, MA), 1983.

［16］ガストン・バシュラールの主な著書には、*Earth and Reveries of Will: An Essay on the Imagination of Matter*, trans Kenneth Haltman, Dallas Institute of Humanities and Culture (Dallas, TX), 3rd edition, 2002［『大地と意思の夢想』及川馥（翻訳）、思潮社、一九七二年］; *Air and Dreams: An Essay on the Imagination of Movement*, trans Edith R Farrell and C Frederick Farrell, Dallas Institute of Humanities and Culture (Dallas, TX), 3rd edition, 1988 ［『空と夢：運動の想像力にかんする試論 新装版（叢書・ウニベルシタス；二）』宇佐見英治（翻訳）、法政大学出版局、二〇一六年］; *Water and Dreams: An Essay on the Imagination of Matter*, trans Edith R Farrell, Dallas Institute of Humanities & Culture (Dallas, TX), 3rd edition, 1999［『水と夢：物質的想像力試論（叢書・ウニベルシタス；八九八）』及川馥（翻訳）、法政大学出版局、二〇〇八年］; *The Psychoanalysis of Fire*, trans

Alan CM Ross, Beacon Press (New York, NY), 1987 [『火の精神分析』ガストン・バシュラール（著）、前田耕作（翻訳）、せりか書房、一九九九年]; *The Poetics of Reverie: Childhood, Language, and the Cosmos*, trans Daniel Russell, Beacon Press (New York, NY), 1971『夢想の詩学』などがある。モーリス・メルロ=ポンティの主な著書には、*The Structure of Behavior*, trans Alden Fisher, Beacon Press (Boston, MA), 1963 [『行動の構造』滝浦静雄、木田元（翻訳）、みすず書房、一九六四年]; *Phenomenology of Perception*, trans Colin Smith, Humanities Press (New York, NY), 1962 [『知覚の現象学』]; *Sense and Non-Sense*, trans Hubert Dreyfus and Patricia Allen Dreyfus, Northwestern University Press (Evanston, IL), 1964 『意味と無意味』; *The Visible and the Invisible, Followed by Working Notes*, trans Alphonso Lingis, Northwestern University Press (Evanston, IL), 1968) 『見えるものと見えないもの』; *The Prose of the World*, trans John O'Neill, Northwestern University Press (Evanston, IL), 1973 [『世界の散文』滝浦静雄、木田元（翻訳）、みすず書房、一九七九年] などがある。

[17] Juhani Pallasmaa, *The Thinking Hand: Existential and Embodied Wisdom in Architecture*, AD Primer, John Wiley & Sons (Chichester), 2009; Juhani Pallasmaa, *The Embodied Image: Imagination and Imagery in Architecture*, AD Primer, John Wiley & Sons (Chichester), 2011.

[18] Pallasmaa, 'An Architectural Confession' (2010), *op cit.*

[19] *Ibid.*

[20] Franz Kafka, letter to Oskar Pollak, 27 January 1904; cited from Max Brod (ed), *Briefe, 1902–1924*, Schocken (New York, NY), 1958.

[21] Väinö Linna, *Under the North Star* (Finnish: *Täällä Pohjantähden alla*, original publication 1959), trans Richard Impola, Aspasia Books (Beaverton, Canada), 2001.

[22] Milan Kundera, *Romaanin taide* (*The Art of the Novel*), WSOY (Helsinki), 1987, p 165.『小説の技法』ミラン・クンデラ（著）、西永良成（翻訳）、岩波書店、二〇一六年

[23] Pallasmaa, 'An Architectural Confession' (2010), *op cit.*

[24] Juhani Pallasmaa, 'The Two Languages of Architecture: Elements of a Bio-Cultural Approach to Architecture', in Juhani Pallasmaa, *Encounters: Architectural Essays*, ed Peter MacKeith, Rakennustieto (Helsinki), 2005, p 35. 同エッセイが最初に発表されたのは *Abacus 2, The Yearbook of the Museum of Finnish Architecture*, The Museum of Finnish Architecture (Helsinki), 1980, pp 57–90.

［25］二〇〇五年のピーター・マッキースとの対談におけるユハニ・パッラスマーの発言から。'Landscapes: Juhani Pallasmaa in Conversation with Peter MacKeith', *Encounters: Architectural Essays*, Rakennustieto (Helsinki), 2005, pp 6–22を参照のこと。

［26］Pallasmaa, 'An Architectural Confession' (2010), *op cit*. 同様の見解が 'Landscapes: Juhani Pallasmaa in Conversation with Peter MacKeith', (2005), *op cit* p 10にも見られる。

［27］Marja-Riitta Norri, 'The World of Juhani Pallasmaa', in Juhani Pallasmaa and Marja-Riitta Norri, *Architecture in Miniature: Juhani Pallasmaa, Finland*, The Museum of Finnish Architecture (Helsinki), 1991, p 3. 一九九一年九月八日から十月六日にかけて開催された第五回ヴェネチア・ビエンナーレ国際建築展におけるアルヴァ・アアルト・パヴィリオンでのパッラスマーの作品展示とあわせて発刊された。

［28］Pallasmaa, 'An Architectural Confession' (2010), *op cit*.

［29］二〇一一年のピーター・マッキースとの対談におけるユハニ・パッラスマーの発言から。

［30］二〇〇五年のピーター・マッキースとの対談におけるユハニ・パッラスマーの発言から。'Landscapes: Juhani Pallasmaa in Conversation with Peter MacKeith' (2005), *op cit*を参照のこと。

［31］Norri, 'The World of Juhani Pallasmaa', *op cit*.

［32］*Ibid*.

［33］二〇〇五年のピーター・マッキースとの対談におけるユハニ・パッラスマーの発言から。'Landscapes: Juhani Pallasmaa in Conversation with Peter MacKeith' (2005), *op cit*を参照のこと。

［34］Juhani Pallasmaa, 'The Two Languages of Architecture: Elements of a Bio-Cultural Approach to Architecture', *Abacus 2, The Yearbook of the Museum of Finnish Architecture*, The Museum of Finnish Architecture (Helsinki), 1980, pp 57–90.

［35］Alvar Aalto, 'The Humanizing of Architecture', *op cit*.「建築を人間的なものにする」、『アルヴァ・アアルト　エッセイとスケッチ』、p. 五一

［36］Juhani Pallasmaa, 'The Geometry of Feeling: A Look at the Phenomenology of Architecture', *Arkkitehti, The Finnish Architectural Review*, 1985, issue 3, pp 44–9.

［37］Pallasmaa, 'An Architectural Confession' (2010), *op cit*.

［38］Norri, 'The World of Juhani Pallasmaa', *op cit*.

［39］Juhani Pallasmaa, 'Identity, Intimacy and Domicile: Notes on the

Phenomenology of Home', *Arkkitehti, The Finnish Architectural Review*, 1994, issue 1, pp 14–25.

［40］Steven Holl, Juhani Pallasmaa and Alberto Pérez-Gómez, *Questions of Perception: Phenomenology of Architecture*, Special Edition, A+U Publishing (Tokyo), July 1994.『知覚の問題』

［41］二〇〇五年、セントルイス・ワシントン大学でのユハニ・パッラスマーの講演から。

［42］Pallasmaa, 'An Architectural Confession' (2010), *op cit.*

［43］*Ibid.*

［44］JH van den Berg, *The Phenomenological Approach in Psychiatry*, Charles C Thomas (Springfield, IL), 1955, p. 61.

［45］Maurice Merleau-Ponty, *Signs*, Northwestern University Press (Evanston, IL), 1982, p 56.『シーニュ　I』メルロー・ポンティ（著）、竹内芳郎、海老坂武、粟津則雄、木田元（翻訳）、みすず書房、一九六九年、p. 八五

［46］Pallasmaa, 'An Architectural Confession' (2010), *op cit.*

［47］*Ibid.*

［48］*Ibid.*

［49］二〇一一年のピーター・マッキースとの対談におけるユハニ・パッラスマーの発言から。

解説者

スティーヴン・ホール
アメリカを代表する建築家。作品に『ネクサスワールド・スティーヴン・ホール棟』、『聖イグナティウス礼拝堂』、『ヘルシンキ現代美術館（キアズマ現代美術館）』ほか多数。2014年に高松宮殿下記念世界文化賞を受賞。

ピーター・マッキース
アーカンソー大学フェイ・ジョーンズ・スクール・オブ・アーキテクチャー・アンド・デザイン学部長兼教授。

著者
ユハニ・パッラスマー
現代のフィンランドを代表する建築家、建築思想家。ヘルシンキ工芸大学学長、フィンランド建築博物館館長、ヘルシンキ工科大学建築学部教授・学部長を歴任。著作にThe Thinking Hand: The Thinking Hand: Existential and Embodied Wisdom in Architecture (John Wiley & Sons, 2009)、The Embodied Image: The Embodied Image: The Imagination and Imagery in Architecture (John Wiley & Sons, 2011) などがある。

訳者
百合田香織
神戸大学大学院自然科学研究科博士前期課程修了。専攻は建築／建築史研究室。公務員として公共プロジェクトに従事し英国赴任同行を機に退職。建築を巡りつつ翻訳スクールに通い翻訳者として活動を始める。訳書『名建築は体験が9割』『名建築の歴史図鑑』『世界の夢の動物園』（以上、エクスナレッジ）、『配色デザインカラーパレット』（ビー・エヌ・エヌ）など。

建築と触覚　空間と五感をめぐる哲学

二〇二二年一二月一六日　第一刷発行
二〇二四年七月一五日　第五刷発行

著者　ユハニ・パッラスマー
訳者　百合田香織
装幀者　上清涼太
発行者　碇　高明
発行所　株式会社草思社
〒一六〇-〇〇二二　東京都新宿区新宿一-一〇-一
電話　営業〇三（四五八〇）七六七六
編集〇三（四五八〇）七六八〇
本文組版　株式会社キャップス
印刷・製本　中央精版印刷株式会社
翻訳協力　株式会社トランネット

ISBN 978-4-7942-2616-7　Printed in Japan